진성리더
인물편

진로독서를 위한 10분 책읽기

진로독서를 위한 10분 책읽기
진성리더 인물편

초판1쇄 2017년 1월 2일
　4쇄 2021년 6월 3일

지은이 | 서상훈·유현심
펴낸이 | 강금만
펴낸곳 | (주)엘코케이
등　록 | 2015년 3월 23일 제2015-000015호

주　소 | (07246) 서울시 영등포구 국회대로 54길 10, 아크로타워스퀘어상가 지하 36호
전　화 | 070-5056-0887　　팩　스 | 070-8255-9400
이메일 | raonbooks@raonbooks.com
디자인·인쇄 | 디자인통 (02-2278-7764)

값 15,000원
ISBN 979-11-86945-07-0(43300)

*라온북스는 (주)엘코케이의 전문 출판 브랜드입니다.

저작권자ⓒ서상훈·유현심 2017
이 책의 저작권은 저자에게 있습니다. 서면에 의한 저자의 허락없이
내용의 일부를 인용하거나 발췌하는 것을 금합니다.

진성리더
인물편

진로독서를 위한 10분 책읽기

서상훈·유현심 지음

●● 추천사

자신만의 진성리더십
여행을 떠나자

신화학자 조셉 캠벨(J. Campbell)은 역사적이거나 신화적 영웅들의 이야기를 분석해보면 다음과 같은 삶의 여정에 대한 공통된 플롯을 가지고 있다는 사실을 밝혀냈다. 신화 속의 영웅은 일상의 터전인 오두막이나 성에 안주하지 않는다. 그는 자발적으로 모험의 문턱에 들어서게 된다. 그곳에서 그는 길목을 지키고 있는 어둠의 존재와 마주치게 된다. 영웅은 그 어둠의 힘에 맞서 싸우기 위해 용과의 전투, 마법의 주문 등이 존재하는 어둠의 왕국으로 들어가 죽음의 나락으로 떨어지는 고통을 이겨낸다.

어둠의 왕국 문턱을 통과하면 그는 이제 전혀 생소하지만 왠지 친근한 힘이 느껴지는 세상으로 들어서게 된다. 그 힘은 그를 시험에 들게 하여 그의 여행에 대한 의지를 위협한다. 그가 수많은 위험을 뚫고 어둠의 왕국 최종 기착지에 도착했을 때 그 앞에는 최대의 난관이 기다리고 있다. 마지막

전투가 벌어지는 것이다. 그는 여기서 승리하고 드디어 자신이 쟁취하려는 것을 손에 쥐게 된다. 신성한 결혼, 창조주 아버지로부터의 인정, 신으로의 승격 등이 그 쟁취의 내용이다. 만약에 어둠의 힘이 여전히 그에게 적대적인 채로 남아 있다면 '프로메테우스의 불 훔치기'처럼 그가 마주쳤던 혜택을 훔쳐 나오는 것이 쟁취의 대상이 될 수도 있다.

이제 마지막으로 해야 할 일은 현실세계로 귀환해야 하는 일이다. 만약 어둠의 힘이 그를 축복한다면 그는 특사가 되어 그 힘의 보호 아래 앞으로 나갈 것이고, 그렇지 않다면 그는 쫓기게 되고 변신비행, 장해물 비행 등 탈출을 시도하지 않으면 안 된다. 초월적인 힘은 귀환의 문턱 뒤에 남겨지고 이제 영웅은 두려움의 왕국으로부터 당당하게 다시 현실세계로 돌아오고 불이나 불로장생의 영약 등 그가 가져온 혜택은 세상을 구한다.

이와 같은 신화적인 이야기가 십년 전까지만 하더라도 진짜 몇몇 영웅의 이야기였는지 모른다. 누가 어떻게 해서 억만장자가 되었다느니, 전쟁을 승리로 이끌었다느니 등의 영웅의 여행은 진짜 몇몇 영웅들에 의해서 독점되고 있었다. 그러나 지금처럼 환경이 급격하게 변하고 있는 상황에서는 이와 같은 영웅의 여행은 일류가 되기를 갈망하고 있는 우리 자신 모두에 대한 이야기다. 다시 말해 현대적 의미에서 영웅들의 이야기는 자기 자신을 변화시켜서 자신에 대해 뛰어난 리더십을 발휘할 수 있는 우리와 같은 소영웅들의 이야기인 것이다. 또한 영웅의 여행은 누구나 일류가 되기 위해서는 반드시 거쳐야 되는 전제 조건이다.

우리 스스로가 이와 같은 영웅의 여행을 준비하지 못한다면 이류의 나락으로 떨어지고 말 것이다. 영웅의 여행이 우리에게 주는 현대적 의미는 변화를 두려워하고 꺼려하면서 회피하고 있는 우리 자신을 점진적 죽음의 나락에서 성공적으로 구해내는 일이다. 이것이 진정 영웅으로 가는 여행의 시작이다. 자기 자신을 구해내서 변화시키는 일을 성공적으로 수행해내지 못한 사람들이 조직과 사회를 구해내는 영웅으로 거듭난다는 것은 낙타가 바늘구멍을 통과하는 것보다 어려운 일이다. 자기 자신을 구해낸 경험이 있는 사람만이 일류의 가능성을 체험해 볼 수 있다. 역으로 자기 자신을 구해내지 못한 사람이 다른 사람을 구해낼 수 있다고 외치는 것은 어불성설이란 점을 말해주기도 한다.

이 책은 한국사회를 변화시키는데 족적을 남긴, 평범하면서도 비범한 진성리더들의 이야기를 담고 있다. 진성리더는 자신만의 영웅 여행을 완성해 자신을 죽음의 나락으로부터 구해내고, 이와 같은 경험을 통해 다른 사람들에게도 성공적인 변화를 맛볼 수 있도록 도와주는 사람들이다. 진성리더들은 세속적인 성공을 구가한 사람들이라기보다는 이들이 세상을 다녀갔기 때문에 우리의 세상이 더 행복하고 건강하며 따뜻해짐을 선물한 진짜 리더들을 지칭한다. 진성리더는 자신만의 삶의 목적지에 대한 강한 믿음을 갖고 자신만의 영웅 여행을 완성한 사람들이다. 이들은 일상생활을 통해 자신이 설정한 목적지에 도달하기 위해 모든 고난과 난관을 통과한 사람들이다. 또한 이들이 생존해 있다면 오늘도 고난과 난관을 통과하면서 이 목적지를 향해서 뚜벅 뚜벅 걸어갈 사람들을 말한다.

이들이 목적지까지 이르게 만든 길은 다른 사람들에게 희망의 출발점이 된다. 다른 사람들은 이 목적지를 통해 자신만의 길을 찾고, 자신만의 또 다른 목적지를 설정해서 다시 영웅의 여행을 떠나도록 독려한다. 이들 진성리더들이 자기 자신을 구해내는 영웅의 여행을 어떻게 완수했는지를 알게 된다면 우리 자신의 진성리더십 이야기를 통해 우리만의 대본을 마련해 나가는 것도 가능하다. 이들의 이야기는 우리를 구해낼 수 있는 더 높은 안목을 제시해주는 거인의 어깨이기 때문이다.

나 자신을 구해내기 위해 나만의 목적지를 설정하고 진성리더로서의 영웅 여행을 떠나는데 있어서 최대의 장애는 전통적인 패러다임과 대본에 의지한다는 점이다. 물론 지금까지 그냥 세속적으로 성공한 사람들의 이야기가 우리의 삶을 조직화하는데 도움을 주었던 것은 사실이다. 그러나 문제는 고전적 영웅들이 살았던 때와는 달리 우리가 처해있는 지금의 환경이 우리가 감당할 수 없을 정도로 변화하고 있다는 점이다. 환경은 변화무쌍한데 자신은 과거의 신화만을 기반으로 행동한다면 자신이 이류가 되는 것은 시간문제일 뿐이다.

이 책에 선정된 진성리더들의 이야기를 통해 자신만의 여행에 대한 초안을 만들어나가길 바란다. 그럴 때에만 자신의 운명에 대한 열쇠를 자신이 과거에 이루어 놓은 것이나 기득권, 남들에게서 자기 자신에게로 돌려받게 될 것이다. 그리고 자신만의 패러다임과 변화, 틀을 재창조하는 영웅의 여행을 완성할 수 있을 것이다. 자신만의 대본을 완성할 수 있을 때 우리는 진정한 일류로의 항해를 시작한 것이다. 자신의 대본을 통해 스스로를 일류라고 생각하지 않는다면 다른 사람들은 절대 본인을 일류라고 보지 않을 것이다.

이 책을 통해 고루한 일류의식을 버리고 진짜 미래의 일류가 되기 위해 어떤 대본을 마련해야 하는지, 불확실성의 망망대해에 몸을 던져 자신을 어떻게 변화시켜야 하는지, 세속적 일류가 아닌 진정으로 존경받는 일류가 되기 위해서 가야 할 목적지는 어디에 있는지를 발견하게 될 거라 굳게 믿는다.

〈진성리더십〉 저자, 이화여자대학교 경영대학 교수 윤 정 구

Contents

추천사
　자신만의 진성리더십 여행을 떠나자 **4**

머리말
　현장중심 진로독서 실천을 위한 텍스트의 필요성 **12**
　성격유형(에니어그램 성격검사) 분류표 **20**
　흥미유형(홀랜드 흥미검사) 분류표 **22**
　적성유형(다중지능검사) 분류표 **24**

진로독서를 위한 인물 책읽기

　의사
　　가난한 사람들의 아버지였던 한국의 슈바이처 | 장기려 **27**

　요리연구가
　　음식을 문화재로 재탄생 시킨 궁중음식의 대가 | 황혜성 **39**

　노동운동가
　　노동자들을 위해 꽃다운 목숨을 불사른 아름다운 청년 열사 | 전태일 **51**

　변호사
　　암탉이 울어야 집안이 흥한다고 외친 여성인권 운동의 어머니 | 이태영 **65**

　민주투사
　　대쪽 같은 성품으로 우리나라 민주주의의 토대를 만든 참된 지식인 | 장준하 **75**

　무용가
　　춤을 위해 태어난 전설의 세계적인 춤꾼 | 최승희 **85**

　기업가
　　국민을 위해 봉사하는 기업 유한양행 설립자 | 유일한 **97**

문학인
감각적인 이야기로 우리민족의 아픔을 소설로 승화시킨 위대한 작가 | 박완서 **107**

체육인
희망을 안고 달린 마라톤 영웅 | 손기정 **117**

곤충학자
일평생 나비 밖에 몰랐던 한국의 파브르 '나비박사' | 석주명 **127**

종교인
하나님의 사랑을 온 몸으로 실천한 천주교의 큰 별 '바보' | 김수환 **137**

음악가
현대음악의 거장으로 불리는 '상처입은 용' | 윤이상 **147**

건축가
건축계의 대들보라 불리는 '한국의 로렌초' | 김수근 **157**

화가
소처럼 우직하게 그림만 그렸던 한국 근대미술의 거장 | 이중섭 **167**

물리학자
아인슈타인보다 뛰어났던 노벨상 메이커 | 이휘소 **177**

종교인
천진난만한 진리의 횃불 | 성철스님 **187**

맺음말
16편의 진로독서용 텍스트를 통한 기대효과 **197**

부록 : 이 책의 활용 방법
7키워드를 활용한 토의식 토론과 1:1 찬반 하브루타 **202**
진로독서 수업 샘플 시나리오와 수업 계획안 예시 **212**
도움을 받은 도서 목록 **220**

●● 머리말

현장중심 진로독서 실천을 위한
텍스트의 필요성

 21세기 들어서 교육 패러다임이 빠르게 바뀌면서 교육정책과 제도도 이에 발맞춰 변화의 속도를 내고 있다. 제7차 교육과정이 "사회변화 대응능력과 자기주도력 향상"에 초점을 맞추는 것으로 바뀌었고, 2009 개정교육과정에서는 '집중 이수제, 창의적 체험활동, 진로교육, 학교의 다양화' 등이 강화 되었다. 입시제도에서도 자기주도학습 능력을 중시하는 수시가 확대되면서 고입은 '자기주도학습 전형', 대입은 '학생부 종합 전형'이 이슈가 되고 있으며, 2014 수능 개정안에서도 교과목과 진로와의 연관성이 커졌다. 2015 문이과 통합형 교육과정은 인문과 사회, 과학기술에 대한 기초 소양 함양을 통해 미래사회가 요구하는 창의융합형 인재육성을 위한 방향을 제시하고 있다.

 이런 흐름 속에서 가장 두드러지게 변화를 주도하는 것은 '진로'다. 특히

나 최근 5년 동안 일어난 변화는 두 눈을 휘둥그레 하게 만들 정도로 엄청나다. 2011년부터 교육현장에서는 '진로와 입시'에 대한 수요가 커지면서 학생들의 꿈과 끼를 살려주는 개인 맞춤형 진로설계 지원을 강화하기 위해 진로진학 상담교사를 선발해서 각 학교 현장에 배치하기 시작했으며, 2014년 말 기준으로 5,208명의 진로진학교사가 배치되어, 전체 중고교 5,520개 중 약 95%에 달한다.

2013년에는 중학교를 중심으로 '자유학기제'가 실시되기 시작했다. 우리 교육은 높은 학업성취도와 대학 진학률에도 불구하고 낮은 학업흥미도와 세계 꼴찌를 기록하는 행복지수에 대한 문제점을 안고 있다. 이를 해결하기 위해 개인의 꿈과 끼를 살리고 창의력과 인성을 기르는 진로탐색의 필요성이 대두되었고, 중학교 한 학기 교육과정을 유연하게 운영해서 진로탐색 및 자기주도 학습능력을 배양하고 인성교육을 강화하기 위해 '자유학기제'가 도입된 것이다. 1단계로 2013년 5월부터 2015년 말까지 연구학교를 선정해 운영하고, 2단계로 2014년 초부터 2015년 말까지는 희망학교 신청을 받아 지정 운영했으며, 3단계로 2016년 3월부터 모든 중학교에서 전면적으로 실시되었다. 앞으로 항구적인 교육 제도로 학교 현장에 정착되어 많은 변화를 일으킬 거라 예상된다.

2015년 12월에 시행된 '진로교육법'은 자유학기제를 중심으로 한 진로교육을 더욱 체계적으로 제도화시키는 데 촉매제 역할을 하고 있다. 진로교육법이 시행되면서 많은 것이 달라지고 있다. 첫째, 학생들은 다양한 형태의 진로체험을 정규수업으로 인정받을 수 있고, 국가가 인증한 직업체험 기관을 통해 좀 더 알찬 진로탐색이 가능하다. 둘째, 학부모들은 각종 진로교육과 연수의 기회가 확대되고, 자녀들의 진로지도에 활용할 수 있는 다양한 진로교육 콘텐츠를 제공받게 된다. 셋째, 학교는 진로진학지도 전담교사를 추가로 배치할 수 있고, 학부모 대상으로 진로정보와 진로상담을 제공할 수 있으며, 중학교 대상의 자유학기제가 초등학교와 고등학교로도 확산되는 것을 기대할 수 있다. 진로교육법의 하위법령이 제정됨으로써 2016년부터 초등학교에도 진로진학 전담교사가 배치되고, 중학교의 자유학기제와 유사한 '진로교육 집중학년·학기제'가 초·중·고등학교에 생겨서 진로체험과 진로교육을 집중적으로 실시하게 되었다.

이러한 교육 트렌드의 변화에 따라 현장에서는 다양한 '진로' 관련 프로그램이 필요해졌다. 대부분의 프로그램은 장단점을 갖고 있지만 독서를 통한 진로교육은 단점을 찾기 어려운 최고의 프로그램이라고 할 수 있다. 진로 설정과 탐색을 위해서는 다양한 직간접 경험이 필요하다. 하지만 우리가 모든 것을 직접 경험하기는 불가능하다. 그래서 간접경험을 많이 해야 하는데, 간접경험의 대표적인 방법이 바로 '독서'다.

우리가 어떤 책을 읽는다는 것은 이미 성공한 저자나 책 속 주인공으로부터 진로코칭을 받는 것과 마찬가지다. 우리가 진로를 탐색해 가는 과정에서 궁금해 하는 것들을 책 속의 경험담을 통해 자세히 설명해주고 있기 때문이다. 저자나 주인공은 주저하는 우리에게 용기를 주기도 하고, 결심하고 행동했을 때 칭찬해 주기도 하며, 실패하고 좌절했을 때 따뜻한 격려로 응원을 해주기도 한다. 이처럼 책은 진로 탐색의 과정은 물론 진로 결정 후 인생의 항로를 따라 여행하는 동안에도 늘 함께해야 하는 친구다.

이렇듯 진로교육에 있어서 책을 통한 교육의 효과는 간과할 수 없는 것이 사실임에도 학교 현장에서는 이를 제대로 적용하지 못하고 있는 실정이다. 선생님과 학생 입장에서 몇 가지 현실적인 이유들이 있기 때문이다.

먼저 선생님들이 진로독서 수업을 준비하는데 여러 가지 고충이 있다. 첫째, 교과수업 준비와 행정업무로 너무 바빠서 시간이 부족하다. 둘째, 교과 진도를 맞추기도 빠듯해서 진로독서 수업을 할 여유가 없다. 셋째, 책을 별로 읽지 않는 선생님의 경우 자료 선택에 어려움을 겪는다. 넷째, 이런저런 이유로 학생들의 호응을 이끌어 내기가 어렵다.

학생들이 진로독서 수업에 참여하는데도 다양한 어려움이 있다. 첫째, 청소년기 발달상의 변화에 따라 관심 분야가 현재의 '몸, 사랑, 세계' 등인데, 관심이 별로 없는 과거의 인물과 사건을 주로 접한다. 둘째, TV와 컴퓨터, 스마트폰, 게임, 전자책 등 디지털 방식의 다매체에 익숙한데, 텍스트 중심의 아날로그 방식이 대부분이다. 셋째, 과도한 입시 경쟁으로 학업에 직접적인 도움이 되는 책을 읽기에도 벅차서 다른 책을 읽을 여유가 없다. 넷째, 사춘기의 넘치는 에너지를 발산하기 위해 동적인 활동을 선호하는데, 정적인 독서활동은 무척이나 힘든 일이다. 다섯째, 게임과 영상, 충격적인 사건사고 등 자극적인 내용을 많이 접하다 보니 일반적인 스토리에는 시큰둥한 반응을 보인다.

이런 현실적인 이유들을 고려한다면 진로독서 수업을 제대로 운영하기 위해 다음과 같은 방법이 효과적이다. 첫째, 정규 수업시간에 일주일에 1시간 정도 진로 관련 책을 읽고, 4~5명이 독서 모임을 만들어서 같은 책을 읽고 독서 활동지나 서평을 각자 쓴 후에 평가를 받는다. 둘째, 1시간 동안 진로 관련 책을 읽고, 1시간 동안 정리하면서 '발췌독서'를 한다. 셋째, 책에서 25~30쪽을 인쇄해서 읽히고 가르친다.

하지만 이런 방식도 기존의 '책읽기와 독후감'으로 대표되는 전형적인 진로독서 수업의 틀에서 벗어나지 못하고 있다. 진로독서 수업에 대한 선생님과 학생들의 기대를 충분히 반영하면서도 좀 더 재미있고 유익한 방식이 필요하다는 의견이 많아지면서 새로운 대안으로 떠오른 것이 바로 '토론을 활용한 진로독서'다.

그런데 '진로독서 토론수업'은 '진로독서 수업'에 비해 좀 더 어려움이 많다. 첫째, 질문과 대답으로 이어지는 토론 문화가 안 되어 있어서 말을 끄집어 내기가 어렵다. 둘째, 어떤 방식으로 토론을 진행해야 하는지 잘 모른다. 셋째, 진로독서 토론은 재미없고 힘들다는 오해 때문에 학생들의 참여를 이끌어 내기가 어렵다. 넷째, 진로독서 토론용 텍스트는 주제가 명확해야 하고, 이해하기 쉬워야 하며, 이야기 거리가 많아야 한다는 요건을 갖추어야 하는데, 이런 텍스트를 찾기가 어렵다. 다섯째, 진로독서 토론을 하려면 미리 책을 읽어와야 하는데, 읽어오지 않는 학생들이 많으면 수업 진행 자체가 어렵다.

이런 어려움들을 해결하려면 '내용'과 '형식'을 모두 만족시킬 수 있는 진로독서 토론수업을 위한 전용 텍스트가 있어야 한다. 우선 '내용' 면에서는 주제가 명확해야 하고, 아이들이 재미있어 하는 스토리여야 하며, 이해하기가 쉬우면서도 이야기 거리가 많아야 한다. '형식' 면에서는 수업 시간에 바로 읽고 진행할 수 있도록 10분 내외로 읽을 수 있는 짧은 분량이어야 하고(A4 4장, 10페이지 내외), 재미있게 참여할 수 있는 간단한 방식이어야 하며, 다양한 활동을 통해 만족도를 높여야 한다. 이 책은 이런 현장중심의 진로독서 실천을 위한 고민을 해결하고자 기획되었다.

특히 이 책은 진로 독서를 통해 청소년들에게 올바른 리더의 상을 제시하고자 한다. 이 책에 등장하는 인물들은 이화여자대학교 경영대학의 인사조직전략 교수인 윤정구 교수가 쓴 〈진성리더십/라온북스〉에 등장하는 이 시대 진성 리더들을 모셔왔다. '진성(眞性)리더(Authentic Leader)'란 자신이 이 땅에 오게 된 사명을 깨닫고 그 사명대로 자신과 자신이 속한 조직의 구성원 그리고 나아가 이 세상을 더 행복하고 더 따뜻하고 더 건강한 곳으로 변화시키기 위해 평생 헌신한 사람들이다.

윤정구 교수는 우리나라가 단기간에 걸친 경제적 급성장으로 인해 성과

주의를 토대로 한 카리스마를 휘두르는 리더가 대부분이었다고 지적한다. 또한 아직도 개발독재에서 맛본 성공경험과 신자유주의 패러다임이 한국 기업과 한국인의 정서를 지배하고 있다고 한다. 윤정구 교수의 지적처럼 이제 한국도 새로운 리더십에 대한 요구가 급격히 증대되고 있고 자신의 탐욕을 채우기 위해 연기하는 리더가 아닌 진정성을 지닌 리더를 원하고 있으며 그것은 시대적 요청이기도 하다. 이 책은 자라나는 청소년들이 한 분, 한 분의 '진성리더'를 만나면서 자신이 이 세상에 오게 된 이유가 무엇인지, 어떻게 살아가야 옳은 것이며 진정성 있는 참다운 삶을 사는 것이 무엇인지 일깨워 줄 것이다.

그 동안 "아무리 훌륭한 교육 프로그램도 현장에서 적용하기가 어려우면 효과를 기대할 수 없다."는 신념으로 진로독서 수업을 해왔다. 이 책에 소개한 텍스트를 통해 좀 더 많은 학생들이 자신 안에 잠자고 있는 거인을 깨우길 바란다. 선생님들과 학부모님들은 기쁜 마음으로 아이들의 변화와 성장에 큰 박수를 보내줄 수 있을 거라 기대한다. 청소년들이 이 책을 통해 진성리더의 삶을 본받아 진정성 있는 이 시대 참된 리더로 성장하게 되는 모습을 상상하니 가슴이 벅차오른다.

성격유형(에니어그램 성격검사) 분류표

구분			유형별 특징	추천 직업
성격 유형	머리형 (이성형)	5번 머리형적 머리형 (아는 걸 좋아하는 똑순이)	'관찰자'라는 별명을 갖고 있고, 지식 탐구를 좋아하며, 분석력과 통찰력이 뛰어나고, 혼자만의 시간과 공간을 중요시 한다. 장점은 분석적이고 객관적이며, 현명하고 끈기가 있다는 것이고, 단점은 오만하고 고집이 세며, 지식을 나누기를 아까워 한다는 것이다.	비즈니스 분야의 전략 기획실장, 경제 분석가, 연구원, 논설위원, 평론가, 건축 설계사, 학술기술 분야의 교수, 학자, 엔지니어, 컴퓨터시스템 분석가, 컴퓨터 프로그래머, 소프트웨어 및 시스템 개발자, 그래픽 디자이너, 전문 분야의 영화감독, 바둑 기사 등
		6번 가슴형적 머리형 (확인을 좋아하는 범생이)	'충성가'라는 별명을 갖고 있고, 폐쇄적이고 겁이 많으며, 책임감과 협동심이 강하고 안전을 추구하며, 짜여진 지침과 틀에 잘 적응하는 편이라 주위로부터 믿음직하다는 얘기를 많이 듣는다. 장점은 규범과 규칙에 충실하다는 것이고, 단점은 지나치게 신중하고, 자기방어가 심하다는 것이다.	금융 분야의 신용 조사원, 재정 상담가, 은행원, 은행감독관, 대출 담당자, 보안관공서 분야의 보험업체 종사자, 공무원, 장교, 경찰, 전문 분야의 감사, 약사, 회계 감사원, 기술 고문, 도서관사서, 지질학자, 항공기 정비사, 데이터베이스 관리자 등
		7번 장형적 머리형 (즐거운 걸 좋아하는 덜렁이)	'낙천가'라는 별명을 갖고 있고, 명랑하고 아이디어가 넘치며, 쾌락과 재미를 추구하고, 남다른 재능이 많아서 무언가에 도전하기를 좋아한다. 장점은 항상 남들을 즐겁게 해주고, 자신감과 자주성이 강하다는 것이고, 단점은 지나치게 자기도취적이고 충동적이며, 한 가지에 오래 집중하지 못한다는 것이다.	비즈니스 분야의 컨설턴트, 세일즈맨, 상품 기획자, 기업교육 전문가, 승무원, 파일럿, 마케팅기획 분야의 홍보 전문가, 마케팅 컨설턴트, 광고 기획자, 카피라이터, 전략기획자, 크리에이티브 분야의 언론인, 기자, 칼럼니스트, 리포터, 편집자, 연출가, 개그맨, 사회자, 만화가 등
	가슴형 (감성형)	2번 가슴형적 가슴형 (도움을 좋아하는 싹싹이)	'조력자'라는 별명을 갖고 있고, 매우 사교적이며 남을 도와주기 좋아하므로 다른 사람의 기분을 이해하고 잘 맞춰준다. 장점은 정이 많고 마음이 넓으며, 친절하고 세심하다는 것이고, 단점은 남을 돌보느라 정작 자신의 문제는 보지 못한다는 것이다.	비즈니스 분야의 비서, 보좌관, 마케팅 조사원, 판매직, 고객 응대, 세일즈맨, 음식점 및 숙박업체 경영, 연예이벤트 분야의 연회 진행자, 미용사, 메이크업 전문가, 도우미, 사회봉사 분야의 자선 사업가, 종교나 사회복지 기관 종사자 등

구분			유형별 특징	추천 직업
성격 유형	가슴형 (감성형)	3번 머리형적 가슴형 (성공을 원하는 이미지 메이커)	'성취자'라는 별명을 갖고 있고, 야망이 있어서 역할이나 지위에 대해 주목받기를 원하므로 실용적이고 성공 중심적이다. 장점은 유능하고 어디서나 주목받으며, 판단력이 뛰어나다는 것이고, 단점은 남을 쉽게 믿지 않고, 자기도취에 빠지기 쉽다는 것이다.	비즈니스 분야의 마케팅 담당자, 세일즈 매니저, 경영 컨설턴트, 전문 경영인, 투자 상담가, 주식 중개인, 증권 인수업자, 국제 금융인, 기업 재정 변호사, 정치 분야의 정치인, 대변인, 보좌관, 방송 연예 분야의 아나운서, 앵커, 리포터, 영화배우 등
		4번 장형적 가슴형 (독특한 걸 좋아하는 4차원)	'예술가'라는 별명을 갖고 있고, 자기중심적이고 독특한 것을 추구하며, 수줍음이 많고, 감동적인 것을 추구한다. 장점은 따뜻하고 이해심이 많으며, 개성이 뚜렷하다는 것이고, 단점은 사소한 일에도 쉽게 상처받고 우울해지며, 죄책감이 심하다는 것이다.	비즈니스 분야의 홍보 담당자, 상품 기획자, 디자이너, 동시통역사, 변호사, 예술체육 분야의 음악가, 화가, 시인, 가수, 무용가, 배우, 연예인, 영화 제작자, 프로 운동선수, 코치, 경호원, 상담교육 분야의 강사, 컨설턴트, 임상 심리학자, 언어 치료사, 정신건강 상담원 등
	장형 (행동형)	8번 장형적 장형 (강한 걸 좋아하는 시한폭탄)	'지도자'라는 별명을 갖고 있고, 리더십이 강해서 권력과 승리를 추구하며, 자신이 옳다고 생각하는 것에 대해서는 모든 것을 걸고 싸울 준비가 되어있고, 자신의 힘을 발휘할 수 있는 위치에 올라가려고 노력한다.	비즈니스 분야의 신규사업 개척자, 벤처 사업가, 프랜차이즈 경영자, 기업 경영자, 국제 세일즈맨, 마케팅 담당자, 영업 및 판매 책임자, 투자가, 교육종교 분야의 사회교육 강사, 기업교육 강사, 부흥 목사, 종교 지도자, 혁명 지도자, 스포츠예술 분야의 프로 운동선수, 코치, 트레이너, 감독, 가수, 연기자 등
		9번 가슴형적 장형 (통하는 걸 좋아하는 곰탱이)	'조정자'라는 별명을 갖고 있고, 안정과 평화를 추구하고 넓은 포용력을 가졌으며, 갈등이나 긴장을 피하고 편견 없이 냉정하게 생각하면서 다른 사람의 고민을 잘 들어주며, 어떤 상황에서도 불만을 표출하지 않고 언제나 만족감에 차 있다.	비즈니스 분야의 인사 담당자, 인력 개발 전문가, 직업 소개자, 기업의 임원, 중간 관리자, 상담교육서비스 분야의 약물중독 상담원, 고용지원 상담원, 사내 상담사, 복지 전문가, 서점 운영자, 체신 관련 담당자, 보건의료 분야의 식이 요법사, 언어 치료사, 대체의학 의사 등
		1번 머리형적 장형 (완벽한 걸 좋아하는 깐깐이)	'완벽주의자'라는 별명을 갖고 있고, 자신의 이상을 실현하기 위해 노력을 아끼지 않는다. 장점은 매사에 완벽하고 끝맺음이 정확하며, 공정하고 정직하다는 것이고, 단점은 세부사항에 지나치게 집착하고 너무 비판적이며, 독선적이며, 강박적이라는 것이다.	비즈니스 분야의 세무사, 회계사, 감사, 공인회계사, 공보관, 기업 경영자, 창업주, 관리 분야의 현장 감독, 조세감독관, 물류관리사, 품질 관리사, 정치법조 분야의 판사, 법률가, 교도관, 보호감찰관, 정치인, 사회 운동가, 환경운동가 등
비고				

흥미유형(홀랜드 흥미검사) 분류표

구분		유형별 특징	추천 직업
흥미 유형	현실형 (Realistic, 기술자)	기계와 도구, 동물에 관한 체계적인 조작 활동을 좋아하고, 사회적 기술이 부족하며, '순응적인, 솔직한, 정직한, 검소한, 유물론적인, 꾸밈없이 순수한, 자구력 있는, 실용적인, 신중한, 수줍어 하는, 착실한, 검소한' 등의 단어에 잘 어울린다. 현장에서 직접 신체를 움직여서 하는 일, 눈에 보이는 결과가 나타나는 일, 자연이나 야외에서 하는 일을 좋아한다.	전기전자기술자, 엔지니어, 자동차수리공, 공학자, 방사선기술자, 배관공, 원예사, 조경사, 농장경영자, 목축업자, 산림감시원, 농업교사, 농민, 선원, 어부, 목수, 중장비 기사, 비파괴기사, 경찰관, 직업군인, 항공기조종사, 항공기정비사, 운동코치, 프로 운동선수 등
	탐구형 (Investigative, 과학자)	분석적이고 호기심이 많으며, 조직적이고 정확하지만 리더십 기술이 부족하며, '분석적인, 조심스러운, 비판적인, 호기심이 많은, 독립적인, 지적인, 내향적인, 방법론적인, 신중한, 정확한, 합리적인, 말수가 많은' 등의 단어에 잘 어울린다. 정보를 토대로 새로운 사실이나 이론을 밝혀내는 일, 복잡한 문제를 풀면서 성취감을 느낄 수 있는 일, 많은 자료와 현상을 분석하고 구조화해서 이론적 체계를 세우는 일을 좋아한다.	과학 분야 연구자, 물리학자, 화학자, 생물학자, 지질학자, 천문학자, 과학교사, 수학자, 통계학자, 사회과학 분야 종사자, 사회학자, 심리학자, 대학교수, 내과의사, 외과의사, 치과의사, 한의사, 수의사, 의료 기술자, 약제사, 연구개발 관리자 등
	예술형 (Artistic, 음악미술가)	표현이 풍부하고 독창적이며, 비순응적이고, 규범적인 기술이 부족하며, '세련된, 무질서한, 정서적인, 표현적인, 이상적인, 상상력이 풍부한, 실용적이지 못한, 충동적인, 독립적인, 직관적인, 비순응적인, 독창적인' 등의 단어에 잘 어울린다. 아이디어를 새로운 방식으로 표현하는 일, 어떤 사물이나 현상을 자신만의 독특한 방식으로 표현하는 일, 그리거나 만들거나 곡을 쓰거나 장식하는 등 예술적인 일을 좋아한다.	화가, 조각가, 성악가, 연주가, 무용가, 만화가, 사진가, 삽화가, 일러스트레이터, 미술교사, 음악교사, 미술관 책임자, 박물관 경영자, 건축가, 실내장식가, 작가, 시인, 아동문학가, 신문기자, 국어교사, 리포터, 잡지편집인, 카피라이터, 광고 크리에이터, 연예인, 탤런트, 배우, 가수, 엔터테이너, 예능교사, 요리사, 제과제빵사, 파티쉐, 푸드스타일리스트, 소믈리에 등

구분		유형별 특징	추천 직업
흥미 유형	사회형 (Social, 교육상담가)	다른 사람과 함께 일하거나 남을 돕는 것을 즐기지만 도구와 기계를 포함하는 질서정연하고 조직적인 활동을 싫어하고, 기계적이고 과학적인 능력이 부족하며, '설득력 있는, 협조적인, 우애가 있는, 관대한, 남을 도와주는, 이상적인, 통찰적인, 친절한, 책임감 있는, 사교적인, 재치 있는, 이해심 있는' 등의 단어에 잘 어울린다. 자신이 알고 있는 것을 다른 사람들에게 알려주는 일, 대화와 토론을 통해 문제를 해결하는 일, 열심히 한만큼 인정받는 일, 대가없이 봉사하는 일을 좋아한다.	초중고 교사, 상담교사, 진로진학교사, 청소년단체 지도자, 특수교육 교사, 보육교사, 유치원 선생님, 탁아소 육아 담당자, 방문 교사, 학원 강사, 독서지도사, 학습코치, 입시컨설턴트, 기업교육 강사, 평생교육 강사, 문화센터 강사, 레크레이션 강사, 사회사업가, 지역봉사단체 책임자, 결혼상담가, 간호사, 물리치료사, 심리치료사, 언어치료사, 의료보조원, 정신보건사업가, 성직자, 목사, 신부, 수녀, 스님, 대학교 취업보도과 직원, 학교 행정 담당자 등
	진취형 (Enterprising, 정치경영자)	조직 목표나 경제적 목표를 달성하기 위해 타인을 조작하는 활동을 즐기지만 상징적이고 체계적인 활동을 싫어하고, 과학적 능력이 부족하며, '모험적인, 야망이 있는, 관심을 받는, 지배적인, 정열적인, 충동적인, 낙관적인, 재미 추구적인, 인기 있는, 자기 확신적인, 사교적인, 말이 많은' 등의 단어에 잘 어울린다. 상황을 파악하고 문제점을 찾아내어 신속하게 해결하는 일, 업무 진행이 되게끔 조정하고 결단을 내리는 일, 조직이나 단체에서 책임지고 결정짓는 일을 좋아한다.	아나운서, MC, 토론 진행자, 방송국 PD, 영화 감독, 축구 감독, 뮤지컬 감독, 변호사, 경매업자, 도매상인, 마케팅책임자, 홍보담당자, 판매 책임자, 해외 업무 담당자, 물품구입 담당자, 인사부 책임자, 공장관리 책임자, 레스토랑 매니저, 매장 관리자, 광고대행업자, 부동산 중개인, 상공회의소 직원, 생명보험업자, 영업사원, 세일즈맨, 여행사 직원, 여행전문가, 항공기 승무원, 이벤트 전문가, 정치인, 국회의원, 지방자치단체장, 야구 단장, 연극 단장, 협회장, 중소기업 경영자, 자영업 사장 등
	관습형 (Conventional, 경리사서)	체계적으로 자료를 잘 처리하고 기록을 정리하거나 자료를 재생산하는 것을 좋아하지만 심미적 활동은 피하며, '순응적인, 양심적인, 조심성 있는, 보수적인, 억제하는, 복종적인, 질서정연한, 지구력 있는, 실용적인, 자기 통제적인, 상상력이 없는, 능력 있는' 등의 단어에 잘 어울린다. 잘 짜여진 조직이나 틀 안에서 하는 일, 목표와 절차, 수단이 명확하게 제시되는 일, 업무 자체의 능률과 효율성이 뛰어난 일을 좋아한다.	공인회계사, 보험계리사, 은행원, 재무컨설턴트, 세무회계 감사원, 신용관리자, 상업교사, 총무과 경리, 도서관 사서, 출판사 편집자, 회사 비서, 사무직원, 문서작성인, 의료기록원, 원무과 직원, 인쇄업자, 제품 관리인, 급식 관리인, 매장 판매인, 계산원, 컴퓨터 프로그래머 등
비고			

적성유형(다중지능검사) 분류표

구분		유형별 특징	추천 직업
적성 유형	언어 지능	생각하면서 복잡한 의미를 표현하는 언어를 사용하는 능력이다. 언어 지능이 높은 사람은 말이나 글로 표현하는 활동을 잘 하고, 책 읽기를 좋아해서 자주 읽으며, 한 번 읽은 내용을 잘 기억하는 편이다.	작가나 기자, 아나운서, 연설가, 출판편집자, 카피라이터 등
	음악 지능	음높이와 음의 리듬, 음색 등에 대한 민감성을 보이는 능력이다. 음악을 듣고 표현하기를 좋아하고, 음정과 박자의 차이를 잘 알 수 있으며, 다른 사람보다 빨리 악기를 배우는 편이다.	연주가나 음악비평가, 작곡가, 콘서트 프로듀서, 음향기사, 작사가, 피아노 조율사 등
	논리수학 지능	계산과 정량화가 가능하고, 명제와 가설을 생각하면서 복잡한 수학적 기능을 수행하는 능력이다. 숫자와 친하고, 숨겨진 의도나 규칙, 공통점을 잘 찾으며, 논리성을 요구하는 활동에 능숙하고, 실험하기를 즐긴다.	수학자나 회계사, 세무사, 금융전문가, 보험상품개발자, 통계전문가, 컴퓨터 프로그래머 등
	시각공간 지능	내외적 이미지의 지각, 재창조, 변형, 수정이 가능하도록 하고, 자신이나 사물을 공간적으로 조정하며 그래픽 정보로 생산 또는 재해석이 가능하도록 하는 능력이다. 시각적 기억력이 뛰어나 눈썰미가 좋다는 말을 자주 듣고, 머릿속의 이미지를 그림이나 영상으로 잘 표현하며, 공간을 지각하는 능력이 뛰어나서 평면도를 보고 머릿속에 입체화할 수 있으므로 지도만 보고도 길을 잘 찾는다.	디자이너나 화가, 애니메이터, 사진작가, 항해사, 지도 제작자, 인테리어 전문가, 건축설계사 등

구분		유형별 특징	추천 직업
적성 유형	신체운동 지능	대상을 잘 다루고, 신체적 표현이나 신체적 기술을 잘 조절하는 능력이다. 자신이 아는 것을 몸으로 잘 표현하고, 다른 사람의 몸짓이나 목소리를 잘 흉내내며, 운동 신경이 발달되었다는 말을 많이 듣고, 주변 공간을 새롭게 꾸미는 것을 좋아한다.	배우나 레크레이션 지도자, 에어로빅 강사, 치어리더, 요가 전문가, 무용가, 외과의사, 엔지니어, 조종사, 카레이서, 자동차 정비사, 조각가, 운동선수, 심판 등
	대인관계 지능	타인을 잘 이해하고 다른 사람과 효과적으로 상호 작용하는 능력이다. 상황을 이해하는 능력이 뛰어나고 타인의 감정을 잘 이해하므로 친구들 사이에서 인기가 많으며, 사람들 앞에서 공연이나 발표하는 것을 좋아하고, 여러 사람의 마음을 움직여서 원하는 방향으로 이끄는 리더십이 있다.	교사나 정치가, 외교관, 공무원, 변호사, 경찰관, 사회복지사, 상담원, 판매원 등
	자기성찰 지능	자신에 대한 정확한 지각을 바탕으로 자신의 인생을 계획하고 조절하는데 필요한 지식을 사용할 수 있는 능력이다. 자기 내면의 세계가 확고해서 조용히 명상하거나 생각하는 시간을 즐기며, '왜?'라는 질문을 잘하고, 혼자 힘으로 계획을 세우고 결정을 내릴 수 있으며, 자신의 신념을 지키기 위해 애쓴다.	철학자나 수도자, 소설가, 정신과의사, 범죄연구원, 심리치료사, 정신적 지도자 등
	자연친화 지능	자연의 패턴을 관찰하고 대상을 정의하고 분류하며, 자연과 인공적인 체계를 이해하는 능력이다. 자연현상을 탐구하거나 감상하기를 좋아하고, 별자리나 우주, 자연에 관심이 많으며, 농사짓기와 화분가꾸기, 동물기르기 등을 잘 하고, 실험이나 견학, 여행을 좋아한다.	원예사나 정원사, 천문학자, 여행가, 수의사, 농부, 생태연구가, 환경운동가, 환경전문가, 기상예보관, 조련사, 사육사, 꽃꽂이 강사 등
비고			

의사 :

가난한 사람들의 아버지였던 한국의 슈바이처
장기려

1911년 평안북도 용천에서 태어남.
1918년 의성 소학교에 입학
1923년 개성 송도 고등 보통학교에 입학
1928년 경성 의학 전문학교(서울대학교 의과대학)에 입학
1935년 경성 의학 전문학교 부속병원에서 첫 수술
1940년 평양 기홀 병원 외과 과장을 맡음.
1945년 평양도립병원 원장을 맡음.
1950년 한국전쟁이 일어나 부산으로 피난, 제3육군병원에서 일함.
1951년 부산 영도구에 복음병원을 세움.
1953년 서울대학교 의과대학 외과 교수가 됨.
1956년 부산 송도에 현대식 복음병원을 설립
1958년 행려병자 진료소를 차려 무료진료를 함.
1959년 한국 최초로 간암 환자의 간을 크게 잘라내는데 성공
1961년 대한 의학 협회 학술상 대통령상을 받음.
1968년 한국 최초의 민간 의료보험조합인 부산 청십자의료협동조합을 설립
1975년 청십자병원을 설립하고 원장을 맡음.
1976년 국민훈장 동백장 수상
1979년 막사이사이상 사회봉사 부문 수상
1995년 성탄일에 당뇨병으로 별세
1996년 국민훈장 무궁화장이 추서됨.
2006년 "과학기술인 명예의 전당"에 헌액됨.

의사 :

**가난한 사람들의 아버지였던
한국의 슈바이처**

장기려

물음표(?)를 느낌표(!)로 만든 장기려의 진로 로드맵

자기이해 | 청소년기 ▶ 진로탐색 | 청년기 ▶ 진로선택 | 성년기 ▶ 진로발전 | 장년기

장기려(張起呂, 1911/8/14~1995/12/25)는 대한민국의 외과 의사이자 사회사업가로서 평생 의료봉사와 사회사업 발전에 헌신해서 한국의 슈바이처로 불린다. 1911년 평안북도 용천에서 태어났고, 1918년 의성 소학교에 입학했으며, 1923년(13세) 개성 송도 고등 보통학교에 입학했다. 1928년(18세) 경성 의학 전문학교에 입학했고, 1935년 경성 의학 전문학교 부속병원에서 첫 수술을 했다. 1940년 평양 기홀 병원 외과 과장이 되었고, 1951년 부산 영도구에 복음병원을 세웠다. 1956년 부산 송도에 현대식 복음병원을 설립했고, 1958년 행려병자 진료소를 차려 무료진료를 했다.

1959년 한국 최초로 간암 환자의 간을 크게 잘라내는데 성공했고, 같은 해 기독의사회를 조직해 인술의 전파에 노력했으며, 1961년 대한 의학 협회 학술상 대통령상을 받았다. 1968년 한국 최초의 민간 의료보험조합인 부산 청십자의료협동조합을 설립하였고, 1976년 국민훈장 동백장, 1979년 막사이사이상 사회봉사 부문을 받았다. 1995년 성탄일에 당뇨병으로 별세하였고, 1996년 국민훈장 무궁화장이 추서되었으며, 2006년 "과학기술인 명예의 전당"에 헌액되었다.

/ **장기려의 진성 스토리** /

1.

장기려는 기독교를 믿는 집안에서 태어나서 늘 하나님께 기도하며 바르게 살 것을 약속했고, 그 약속을 반드시 지켜야 한다고 믿었기 때문에 하나님의 말씀을 따르는 생활을 했다. 장기려는 경성 의학 전문학교에 합격했을 때 이렇게 기도했다. "의사가 되게 해주셔서 감사합니다. 저는 앞으로 가난한 사람을 돕는 의사로 살기 위해 평생을 노력하겠습니다."

그는 대학에서 평생의 스승인 백인제를 만났다. 백인제는 한국뿐만 아니라 일본과 중국에까지 소문난 유명한 외과 의사였다. 백인제는 장기려를 무척이나 아끼면서 큰 병원의 높은 자리를 추천했지만 장기려는 가난한 사람들을 돕겠다는 약속을 지키기 위해 작은 병원으로 갔다.

장기려는 창고를 고쳐 지은 낡은 병원에서 가난한 환자들을 무료로 치료해 주었다. 그는 병원 옥탑방에서 허름한 물건 몇 가지만 갖고 생활하면서 평생 가난한 사람들에게 줄 수 있는 모든 것을 아낌없이 베풀었다. 그는 죽기 전에 이런 말을 남겼다. "의사가 된 날부터 지금까지 치료비가 없는 환자를 위한 책임감을 잊어버린 날이 없었습니다. 이 결심을 잊지 않고 살면 제 생애는 성공이요, 이 결심을 잊고 살면 실패라고 생각했습니다."

2.

1946년 어느 날, 장기려가 교회에서 예배를 마치고 나올 때 어느 부잣집 부인이 부탁을 했다.

"장기려 박사님, 제 며느리가 많이 아프니 저희 집에 오셔서 진료를 해 주시면 안 될까요?"

장기려는 기꺼이 노부인을 따라갔다. 장기려는 며느리에게 물었다.

"어디가 아프신가요?"

노부인의 며느리는 침대에 누워서 어두운 표정으로 입을 열었다.

"며칠 전에 친구가 건강에 좋다고 권유해서 호르몬 주사를 한 대 맞았는데, 그 뒤부터 팔이 붓고 아파서 움직일 수가 없네요."

설명을 듣고 나서 장기려는 갑자기 성경의 한 구절을 소리 내어 읊었다.

"욕심이 잉태해서 죄를 낳고, 죄가 커져서 사망을 낳느니라."

이 말은 욕심이 생겨서 죄를 짓게 되고, 죄가 많아지면 죽게 된다는 뜻이다. 장기려가 단호한 목소리로 말했다.

"저는 절대로 이런 병은 다루지 않습니다."

장기려가 화난 사람처럼 인상을 찌푸리며 그냥 가려고 하자 노부인의 며느리가 다급한 듯 물었다.

"이렇게 몸이 많이 아픈데 치료를 안 해주실 건가요?"

장기려는 다시 한 번 딱 잘라 말했다.

"나는 호르몬 주사같은 호사를 누린 것 때문에 아픈 사람은 고치지 않습니다."

장기려는 집 근처의 외과 병원에 가면 잘 치료해 줄 것이라는 말을 하고는 뒤도 돌아보지 않고 가버렸다.

3.

1952년 어느 날, 부산 복음병원 원장으로 일하던 장기려의 방으로 손님들이 들이닥쳤다. 월급날이면 학비를 벌어가며 공부하는 학생이나 가정 형편 때문에 생활비가 필요한 사람, 급히 돈이 필요한 사람들이 찾아와 도움을 청하곤 했다.

그 당시 장기려의 아들 장가용도 서울에서 하숙을 하고 있었는데, 매달 하숙비를 보내줬었다. 그런데 갑자기 아버지가 보내주던 하숙비가 몇 달째 오지 않았다. 하숙집 주인은 하숙비 독촉을 했고, 장가용은 방학이 되어 아버지를 찾아 뵈었다. 장가용은 아버지가 가난한 사람들을 돕느라 자신에게 하숙비를 못 보낸 것을 알게 되었다.

며칠 뒤에 장가용은 하숙비를 겨우 마련해서 서울로 돌아왔다. 그런데 하숙집에 도착했더니 책상과 의자, 옷장 등 물건들이 하숙방 밖에 나와 있었다. 하숙집 주인이 더 이상 참지 못하고 다른 하숙생을 받았던 것이다. 장가용은 하숙집 주인에게 섭섭한 마음이 들었지만 원망하지는 않았다. 항상 가난한 사람을 먼저 생각하는 아버지의 마음과 하숙비로 가정을 돌봐야 하는 하숙집 주인의 형편을 이해했기 때문이다.

장기려는 언제 어디서든 가족보다 가난한 사람을 먼저 챙기는 사람이었다. 평양 기홀병원 외과 과장으로 일할 때는 동냥하러 온 걸인을 안방으로 데려와 자신의 옷을 벗어 주고, 정성스레 밥상까지 차려서 대접하기도 했다. 평양 시내의 모든 걸인들이 장기려의 집으로 몰려든다는 소문이 날 정도였다. 의사로서 적지 않은 월급을 받았지만 대부분의 돈을 가난한 사람들에게 나눠 줬기 때문에 가족들의 생활비는 늘 턱없이 부족했다.

장기려의 아내 김봉숙은 남들이 다 부러워하는 의사 남편을 만났지만 항상 쪼들리는 생활비로 어려움을 겪어야 했다. 김봉숙은 의사들의 가운을 바느질 하거나 집안의 물건을 팔아서 부족한 생활비를 충당했다. 하지만 장기려의 마음을 누구보다 잘 알았기에 불평하거나 힘든 내색을 보이지 않았다. 장기려는 그런 김봉숙을 늘 마음깊이 고마워했다.

4.

1965년 어느 날, 부산 복음병원 원장실로 어떤 환자가 찾아왔다.
"장기려 원장님 덕분에 몸이 완쾌되어 퇴원하려고 합니다."

장기려는 기뻐하면서 이렇게 말했다.

"좋은 소식이네요. 집에 돌아가서 가족들과 행복하게 지내세요."

환자는 머뭇거리며 말을 이었다.

"그런데 죄송하게도 치료비를 못내서 퇴원을 못하고 있습니다."

장기려는 잠깐 고민에 빠졌다. 얼마 전까지만 해도 그는 직원들에게 병원은 돈 버는 곳이 아니니 돈이 없는 사람에게는 치료비를 요청하지 말아야 한다고 호통을 쳤었다. 하지만 직원들도 치료비를 받아야만 병원을 운영할 수 있다며 자신들의 입장을 항변했다. 그래서 치료비만은 꼭 받기로 직원들과 약속을 했다. 장기려는 뭔가 결심을 했다는 듯 입을 열었다.

"그거 참 딱한 일이네요. 그런데 원장 마음대로 돈을 안 받고 환자를 퇴원시킬 수는 없네요. 제가 밤에 병원 뒷문을 열어 놓을 테니 직원들 몰래 도망치세요."

환자는 깜짝 놀라서 되물었다.

"예? 저더러 도망가라고요?"

다음 날 아침, 병원에서는 환자가 갑자기 사라졌다며 한바탕 큰 소동이 벌어졌다.

직원들이 상황 보고를 하자 장기려는 별일 아니라는 듯이 태연하게 말했다.

"오죽 사정이 어려웠으면 환자가 도망갔겠어?"

장기려가 환자 편을 들자 직원들은 원장님이 문을 열어준 것이 틀림없다고 생각하고는 도망친 환자를 더 이상 찾지 않았다.

5.

장기려의 며느리 윤순자가 결혼한 지 얼마 되지 않았을 때 재산세 청구서가 집으로 배달되었다. 그런데 집주인이 시아버지인 장기려도, 남편인 장가용도 아니어서 이상하게 생각했다. 윤순자가 남편 장가용에게 물었다.

"여보, 우리 집이 우리 게 아니에요?"

윤순자는 결혼하기 전에도 시아버지가 유명한 외과의사지만 남을 돕느라 재산이 별로 없다는 것을 알고는 있었다. 하지만 가족들이 살 집 한 채 정도는 있을 거라고 생각했다. 장가용은 웃으면서 대답했다.

"나는 이 집이 우리 집이라고 말한 적이 없는데요?"

윤순자는 어이가 없다는 듯이 되물었다.

"아니, 그럼 우린 아직까지 집도 없이 살았던 거예요?"

윤순자는 알뜰하게 저축해서 집부터 마련해야 한다는 생각이 들자 큰 부담이 느껴졌다. 그렇지만 수십 년을 의사로 일하면서 상당히 많은 월급을 받으면서도 가난한 사람을 돕느라 집을 미처 장만하지 못했기 때문에 앞으로도 큰 기대는 할 수 없을 거라 생각했다.

며칠 후에 병원의 월급날이 되어서 장기려는 며느리 윤순자에게 월급봉투를 건넸다. 장기려와 장가용, 윤순자는 모두 대학병원에서 함께 근무하고 있었는데, 장기려의 월급은 윤순자의 15배나 되는 큰 금액이었다. 윤순자는 생활비를 아껴서 열심히 저축하면 집을 장만하는 것이 어렵지 않을 거라는 생각에 마음이 부풀었다. 하지만 월급 받은 다음 날부터 윤순자를 찾는 사람들이 줄을 이었다. 장기려가 어렵고 딱한 사정을 하소연하는 사람들을 며느리에게 보냈기 때문이다. 윤순자는 가난한 사람들을 도우려는 시아버지의 뜻을 잘 알고 있었기에 선뜻 도와주었다. 그리고 집을 장만하는 것에 대한 기대를 버렸다. 시아버지가 보내는 환자들이 갈수록 늘어나자 월급만으로는 부족해서 빚까지 내게 되었다. 결국 윤순자는 시아버지에게 월급봉투를 돌려드리고 최소한의 생활비만으로 살림을 꾸려 나가겠다고 말했다.

윤순자가 첫째 아이를 낳고 얼마 되지 않아서 장기려가 생일을 맞이하게 되었다. 윤순자는 시아버지의 생일상을 잘 차리기 위해서 산후조리도 덜 된 몸을 이끌고 음식 준비를 했다. 윤순자와 친정 식구들은 장기려가 유명한 의사였기 때문에 생일잔치에 초대된 사람들도 그에 걸맞은 대단한 사람들일 거라고 기대했다. 하지만 손님 중에 사회적으로 성공했다고 할 만한 사람은 단 한 명도 없었다. 대부분 장기려에게 장학금이나 생활비 도움을 받는 가난한 사람들이었다. 윤순자와 친정 식구들은 왜 장기려가 '가난한 사람들의 아버지'라고 불리는지 이해할 수 있었다.

6.

1970년 12월 어느 날, 서울에 있는 장기려의 며느리 집으로 은행에서 전화 한 통이 걸려왔다. 어떤 걸인이 은행에 와서 수표를 현금으로 바꿔 달라고 해서 이를 수상히 여긴 은행원이 도난이나 분실 수표가 아닌지 확인 전화를 한 것이었다. 며느리는 부산에 있는 장기려에게 전화를 걸었다.

"아버님, 잘 지내시죠?"

장기려는 평소 때처럼 반갑게 전화를 받았다.

"그럼, 잘 지내지. 너희도 별 일 없지?"

며느리는 궁금해서 견딜 수가 없었는지 바로 말을 되받았다.

"예, 그런데 아버님 혹시 걸인에게 수표를 주셨나요?"

장기려는 아무렇지도 않게 대답했다.

"그래."

며느리는 평소 장기려의 성품과 행동을 잘 알고 있었기 때문에 충분히 그럴 수 있다고 생각했다. 그래서 은행에 전화를 걸어서 장기려가 걸인에게 수표를 준 것이 맞다고 말했다. 은행 직원은 도저히 믿기 어렵다면서 신분증을 갖고 은행에 직접 와야 걸인에게 수표를 현금으로 바꾸어 줄 수 있다고 했다. 며느리는 번거롭지만 기꺼이 은행원을 찾아가 신분증을 보여주고 돈을 걸인에게 건넸다. 장기려는 구걸하는 걸인을 보면 그냥 지나치지 못했고, 현금이 없을 때는 수표를 선뜻 건네주기도 해서 이런 일이 생겼던 것이다.

7.

1995년 어느 날, 장기려는 85세의 나이로 세상을 떠났다. 장기려는 집 한 채도, 값나가는 물건도 하나 없이 1,500만원의 재산만 남겼다. 장기려는 유산 가운데 절반을 자신의 간병인에게 주고, 나머지는 손자에게 주라는 유언을 남겼다. 그리고 며느리 윤순자에게 처음이자 마지막으로 이렇게 부탁했다.

"내가 죽거든 비석에 '주님을 섬기다 간 종 여기 잠들다'라고 새겨주길 바란다."

Q1 장기려의 성격유형과 흥미유형, 적성유형은 분류표에서 어느 유형에 해당될까요?

Q2 장기려는 왜 '가난한 사람들의 아버지'라고 불렸을까요?

Q3 가족보다 가난한 사람들을 우선시 하는 것은 옳은가?

Q4 장기려가 우리에게 가르쳐준 사명(이 세상에 다녀간 삶의 이유)은 무엇이라고 생각하나요?

Q5 장기려는 젊었을 때 어떤 계기로 이와 같은 사명을 가지게 되었나요?

Q6 장기려는 사명을 믿음으로 바꾸는 과정에서 어떤 고난을 극복했나요?

Q7 장기려가 이런 삶을 완성하는데 가장 도움을 준 사람들은 누구라고 생각하나요?

Q8 장기려의 삶을 통해서 나의 진성을 설계하기 위해서 배워야 할 점은 무엇이라고 생각하나요?

의사

전문 의사가 하는 일은 병의 원인을 찾아내 치료하는 일과 예방하는 일, 손상된 신체를 복구해주거나 재활시키는 일, 의학 실험이나 수술을 수행하는 일, 진단이나 치료를 위해 내외과적 기구나 장비를 사용하는 일, 건강상의 유의점을 일깨워주는 일, 인턴이나 전공의를 교육하는 일 등이다. 의사는 전공에 따라 총 26과의 전문 분야로 나눠진다. 의사에게 요구되는 핵심능력으로는 논리수학능력, 언어능력, 대인관계능력 등이 있다. 적성과 흥미에 따라 요구되는 직업의식으로는 논리적 분석 능력과 위급한 환자에 대한 빠른 판단력, 치료 결과를 의학적으로 분석할 수 있는 분석력 등이 있다. 의사는 투철한 사명감과 성실함이 무엇보다 중요한 직업이며, 환자에 대한 세심한 배려가 요구되는 직업이기도 하다. 특히 일의 특성상 생명을 다루기 때문에 책임감이 무척 중요하다.

요리연구가 :

음식을 문화재로 재탄생 시킨 궁중음식의 대가
황혜성

1920년 천안에서 태어남.

1935년 일본으로 유학을 떠남.

1937년 교토 여자 전문학교 가사과에 입학

1940년 한국으로 돌아와 숙명여전 가사과의 조교수로 학생들을 가르침.

1942년 창덕궁 낙선재에서 한희순 상궁에게 궁중음식을 배움.

1957년 〈이조궁정요리통고〉라는 궁중음식 요리책을 펴냄.

1959~1967년 명지대학교와 서울대학교 교수로 재직

1967년 독일 대통령 만찬을 맡음.

1967~1972년 한양대학교 교수로 재직

1971년 궁중음식 연구원을 설립

1973년 국가무형문화재 제38호 제2대 조선왕조 궁중음식 기능 보유자가 됨.

1976년 〈한국요리백과사전〉을 출간

1982년 조선시대의 요리책 〈음식디미방〉의 해제본을 펴냄.

1973~1986년 성균관대학교 교수를 역임

1986년 대한민국 교육훈장 목련장을 받음.

1990년 대한민국 문화훈장 보관장을 받음.

2006년 12월 노환으로 세상을 떠남, 조선왕조 궁중음식 명예보유자로 지정

요리연구가 :
음식을 문화재로 재탄생 시킨
궁중음식의 대가
황 혜 성

물음표(?)를 느낌표(!)로 만든 황혜성의 진로 로드맵

자기이해 | 청소년기 ▶ 진로탐색 | 청년기 ▶ 진로선택 | 성년기 ▶ 진로발전 | 장년기

    황혜성(黃慧性, 1920/7/5~2006/12/14)은 조선왕조 궁중음식 연구가이자 대학 교수로서 평생 궁중요리를 보급하고 현대화시켜서 궁중음식의 대가로 불린다. 1920년 천안에서 태어났고, 1935년(16세) 일본으로 유학을 떠났다. 1937년(18세) 교토 여자 전문학교 가사과에 입학해서 본격적인 요리 공부를 시작했고, 1940년 한국으로 돌아와 숙명여전 가사과의 조교수로 임명되어 학생들을 가르쳤으며, 1942년(23세) 창덕궁 낙선재에서 한희순 상궁에게 궁중음식을 배우면서 궁중음식을 연구하기로 결심했다. 1957년 〈이조궁정요리통고〉라는 궁중음식 요리책을 펴냈고, 1967

년 독일 대통령 만찬을 맡았으며, 1959~1967년 명지대학교와 서울대학교 교수로 재직했다. 1971년 궁중음식 연구원을 설립했고, 1973년 국가무형문화재 제38호 제2대 조선왕조 궁중음식 기능 보유자가 되었으며, 1967~1972년 한양대학교 교수로 재직했다. 1976년 〈한국요리백과사전〉을 출간했고, 1982년 조선시대의 요리책 〈음식디미방〉의 해제본을 펴냈으며, 1973~1986년 성균관대학교 교수를 역임했다. 1986년 대한민국 교육훈장 목련장을 받았고, 1990년 대한민국 문화훈장 보관장을 받았으며, 2006년 12월 노환으로 세상을 떠났고, 조선왕조 궁중음식 명예보유자로 지정되었다.

/ 황혜성의 진성 스토리 /

1.

황혜성은 어릴 때 자신을 돌보는 엄마가 다섯 명이나 있어서 어리광과 까탈이 심했다. 그래서 어릴 때부터 황혜성을 알았던 주변 사람들은 황혜성이 음식을 만드는 일을 할 것이라고는 전혀 생각하지 않았다. 왜냐하면 워낙에 공주님처럼 귀하게 자라서 부엌에 들어가 음식을 만들어 본 적이 없기 때문이다. 그런 황혜성이 먹을거리에 관심을 갖게 된 것은 일본에서 유학을 할 때였다. 어머니의 손맛이 느껴지는 고향 음식들이 배달되어 올 때마다 친구들과 나눠먹었는데, 그 시간이 무척이나 행복했기 때문이다.

황혜성은 일본 유학을 마치고 한국으로 돌아와서 고등학교에서 가사를 가르치는 선생님이 되었다. 하지만 그 시절에 인생에서 가장 큰 어려움을 겪었다. 2년 동안에 외할머니와 아버지, 어머니가 차례로 돌아가신 것이었다. 어린 동생과 둘만 세상에 남게 된 황혜성은 너무나 고통스럽고 힘들었지만 꿋꿋하게 살기위해 노력했다. 그 후 황혜성은 숙명여대 가사과 교수가 되었고, 듬직해 보이는 한 남자를 만나 결혼을 했다.

2.

결혼 후에 생활은 안정되었지만 학생들에게 조선요리를 가르쳐야 했던 황혜성의 마음은 조급하기만 했다. 황혜성은 속으로 생각했다.
'한 번도 배운 적이 없는 조선요리를 가르치려면 지금부터 우리 음식을 제대로 배워야겠어.'
이런 고민을 알고 있던 교장 선생님의 도움으로 황혜성은 창덕궁 낙선재에서 한희순 주방 상궁에게 음식을 배울 수 있었다.

창덕궁에 간 첫날부터 황혜성은 정신이 하나도 없었다. 궁궐 밖에서 낙선재까지 가는 길에서 작은 문들을 수도 없이 열고 들어가야 했는데, 그때마다 자신이 누구고 왜 왔는지를 말해야 했다. 황혜성은 걸으면서 생각했다.
'바로 가면 얼마 되지 않을 거리를 한참이나 돌아서 가야 하다니. 궁중음식을 배우는 길이 쉽지만은 않겠구나.'
산을 넘고 물을 건너듯이 황혜성은 겨우 궁궐의 부엌인 소주방에 들어갈 수 있었다.

소주방의 리더인 한 상궁은 말없이 정성이 가득 담긴 정갈한 요리를 만드는 것으로 황혜성을 가르쳤다. 그 모습이 너무 경건해서 거들겠다는 말도 못하고 한 발짝 뒤에서 그저 바라보면서 공책에 메모하는 것이 전부였다. 그래도 궁중요리를 배울 수 있다는 설렘에 황혜성은 매일 수업이 끝나자마자 신나게 낙선재로 달려갔다.

3.

　한 상궁은 설명이 꼭 필요할 때만 조용히 입을 열었다.
　"임금님이 드시던 수라상은 '12첩 반상'이라고 해서 열두 가지 반찬이 오릅니다. 독상으로 차리되 대원반과 소원반, 책상반 등 세 개의 상을 마련하지요. 백반과 홍반(팥물반)의 밥과 국, 그리고 찜, 조치, 김치, 장류, 구이, 산적, 튀각, 편육, 생채, 육포, 젓갈, 자반 등이 주요 반찬입니다. 때에 따라 육회와 생선회, 수란을 곁들이기도 합니다."
　궁중에서 쓰는 말은 일상어와 많이 달라서 황혜성은 한 상궁의 설명을 알아듣는 데에도 시간이 많이 걸렸다.

　집에 돌아와서도 황혜성은 밤늦은 시간까지 쉬지 않았고, 보고 배운 궁중음식을 직접 만들어 보느라 밤을 새우는 일도 많았다. 이런 황혜성의 노력을 가상히 여긴 한 상궁도 마음을 열고, 다정하면서도 엄격하게 가르치기 시작했다.
　"이 맛이 아니네. 육수부터 틀린 것 같구먼. 신선로에 들어가는 육수는 사태나 양지머리 고기를 푹 삶은 후에 맑은 장으로 심심하지 않게 간을 맞추어야 한다네. 궁중음식은 정성을 다하는 지극한 마음이 있어야 완성할 수 있다네."

황혜성이 처음부터 요리를 잘 했던 것은 아니다. 맛있는 음식을 만들어야 겠다는 마음만 앞서서 요리법을 잊어버리기도 했고, 간을 잘못 맞춰서 다 만든 음식을 먹지 못하게 된 적도 있었다. 하지만 이런 실수를 통해 하나씩 배운 경험이 쌓여서 제대로 된 음식을 만들 수 있게 된 것이다. 정식 요리사가 되려면 2~3년 정도는 보조 요리사를 거치는 게 일반적인데, 황혜성도 낙선재에서 몇 년 동안 연구하고 연습하는 시간을 가졌다.

어느 날 황혜성은 궁중음식이 과학적이면서도 아름다운 우리의 문화라는 것을 깨달았다. 그래서 한 상궁에게 이렇게 말했다.
"우리 조상들의 얼이 서려있는 궁중음식을 꼭 지켜가고 싶어요."
한 상궁도 맞장구를 치며 대답했다.
"나도 바라던 바네, 우리 함께 힘을 모아 보자구."

4.

황혜성은 그날부터 왕실 도서관인 규장각과 인사동 고서점을 드나들면서 음식과 관련된 책을 모조리 뒤졌고, 왕실의 사당인 종묘에도 들러서 그릇들을 하나씩 세심히 살피기도 했다. 발품을 파느라 몸은 힘들었지만 마음만은 늘 가볍고 즐거웠다. 규장각의 서가 깊숙한 곳에서 먼지가 잔뜩 낀 책을 뒤지다가 수라상에 올릴 음식의 목록과 조리법이 적힌 자료를 발견했을 때는 하늘을 날듯이 기뻤다. 그리고 자기도 모르게 이렇게 소리쳤다.
"그래, 이 맛이야~!"

황혜성은 모은 자료들로 열심히 연구해서 실제로 그 음식들을 만들어 보았다. 그리고 요리법을 하나씩 정리해서 〈이조궁정요리통고〉라는 책을 펴냈다. 임금과 왕족들만 먹던 귀한 음식을 누구나 만들어서 먹을 수 있도록 조리법의 비밀을 공개한 것이다. 이 책을 만드는 데 들인 정성과 수고는 눈물이 날만큼 감동적이었다. 어려운 궁궐 언어를 쉽게 바꾸고, 식재료의 무게나 양을 일일이 저울에 달아서 현대의 단위로 바꾸었다. 우리나라 최초의 현대식 궁중요리 책을 완성한 황혜성은 이 책을 그 어떤 보물보다 더 소중히 여겼다.

궁중요리에 한참 빠져있을 즈음 황혜성은 어느 날 우연히 〈음식디미방〉이란 요리책을 발견하게 되었다. 〈음식디미방〉은 '음식 맛을 아는 법'이라는 뜻인데, 300년 전에 안동 장씨 부인이 쓴 요리책으로서 경북 영양의 재령 이씨 종갓집에 보관되어 있었다. 황혜성은 이 책에 담긴 146가지의 음식 조리법을 쉽게 풀어서 〈다시 보고 배우는 음식디미방〉이란 책을 펴냈고, 전통음식을 현대식으로 재현해 보이면서 사람들의 관심을 일깨웠다.

1966년 방송국에서 요리 프로그램이 처음으로 만들어졌는데, 황혜성은 한 상궁과 함께 출연해서 다양한 우리 음식을 소개했다. 음식이 만들어지는 과정을 구체적으로 보여주기 위해서 제자들과 하루 종일 준비했고, 음식 재료들을 하나씩 방송국으로 날라야 하는 수고도 마다하지 않았다. 방송이 나간 후에 자신이 소개한 요리를 보고 그대로 만드는 여성들이 많아졌다는 소식을 들으면서 황혜성은 보람을 느꼈다.

1968년부터 한국 정부는 숨어있는 우리의 문화를 체계적으로 발굴하기 시작했다. 황혜성도 향토 음식 조사를 맡아서 전통 음식의 맛을 찾기 위해 전국 방방곡곡을 누볐다. 그 과정에서 가난하고 힘들게 살아가는 사람들의 모습에 마음이 아프기도 했고, 시골 아낙네가 자신보다 우리 음식에 대해 아는 것이 더 많다는 사실을 깨닫고는 부끄러워하기도 했다.

5.

어느 날, 황혜성은 한 상궁을 찾아가 울먹이면서 하소연했다.

"오늘은 너무 속이 상해서 아무 일도 못하겠어요. 탈춤이나 판소리, 무당의 굿까지 문화재로 지정하는데, 왜 우리의 궁중음식은 전통 문화라는 생각을 못할까요?"

황혜성이 한 상궁을 인간문화재로 지정해 달라면서 올린 보고서가 또 떨어졌던 것이었다. 그 당시 문화재 담당자는 음식 따위는 특별하지 않아서 문화재가 될 수 없다는 생각을 하고 있었다.

황혜성은 문화재 관리국에 정면으로 부딪쳐 보기로 작정했다. 그리고 밤을 새워 약과와 유과, 정과, 떡을 정성스레 만들어서 머리에 이고는 아침 일찍 문화재 관리국으로 찾아갔다. 황혜성은 문화재 심사위원 회의실 탁자에 음식을 풀어놓으며 말했다.
"따뜻한 음식을 안 먹으면 죄가 되는 것 아시죠?"
심사위원들은 살짝 당황하면서도 황혜성의 태도가 당당하게 보였다. 그래서 웃으면서 음식을 맛있게 먹었다.

황혜성의 꼼꼼한 보고서와 궁중음식에 대한 지극한 정성, 당돌한 도전정신 덕분에 조선왕조 궁중음식은 중요 무형문화재 제38호로 지정되었다. 한 상궁이 조선시대 궁중음식을 이어나갈 첫 번째 인간문화재가 되자 황혜성은 너무 기뻐서 한 상궁의 품에 안겨 펑펑 울었다.

6.

하지만 기쁨도 잠시 한 상궁이 갑자기 1년 만에 세상을 떠나고 말았다. 그래서 황혜성이 한 상궁의 뒤를 이어 두 번째 궁중음식 분야의 인간문화재가 되었다. 황혜성은 큰 책임감을 느꼈다.
'우리 궁중음식이 얼마나 훌륭하고 아름다운지, 더 열심히 공부하고, 더 많이 알려야겠어.'

황혜성은 제자들을 가르치면서 전통 음식 연구를 지속하기 위해 오랫동안 꿈꿔왔던 〈궁중음식 연구원〉을 열었다. 어떤 음식이든 마음대로 만들 수 있는 널찍한 부엌이 생기자 황혜성은 호랑이 기운이 샘솟는 것 같았다. 황혜성은 연구원 주관으로 매년 궁중음식 발표회와 재연회를 열었고, 세계 각국을 돌아다니면서 우리의 궁중음식을 널리 알렸다.

황혜성이 음식을 연구할 때 가장 중요하게 생각한 것은 '생명의 소중함'이다. 황혜성은 작은 풀 한 포기에도 생명이 있다고 생각했고, 생명이 있는 음식 재료를 먹으면서 사람 또한 생명을 이어갈 수 있다고 믿었다. 황혜성에게 음식을 만드는 일은 생명과 생명을 잇는 일이었다. 그래서 황혜성은 음식을 연구할 때 더 많은 정성을 쏟았고, 음식 재료에 고마움을 느끼며 음식을 만드는 일과 먹는 일을 모두 소중하게 여겼다.

평생을 우리 음식의 발전을 위해 애쓴 황혜성은 세상을 떠나면서 이런 말을 남겼다.

"나는 음식 연구가로서 뿐만 아니라 보통의 할머니로서도 참 행복했다."

Q1 황혜성의 성격유형과 흥미유형, 적성유형은 분류표에서 어느 유형에 해당될까요?

Q2 황혜성은 왜 '궁중음식의 대가'로 불릴까요?

Q3 상대방을 설득하기 위해 무작정 찾아가서 자신의 생각을 주장하는 것은 옳은가?

Q4 황혜성이 우리에게 가르쳐준 사명(이 세상에 다녀간 삶의 이유)은 무엇이라고 생각하나요?

Q5 황혜성은 젊었을 때 어떤 계기로 이와 같은 사명을 가지게 되었나요?

Q6 황혜성은 사명을 믿음으로 바꾸는 과정에서 어떤 고난을 극복했나요?

Q7 황혜성이 이런 삶을 완성하는데 가장 도움을 준 사람들은 누구라고 생각하나요?

Q8 황혜성의 삶을 통해서 나의 진성을 설계하기 위해서 배워야 할 점은 무엇이라고 생각하나요?

요리연구가(요리사)

요리연구가(요리사)는 여러 가지 음식 재료를 준비하고 다양한 방법을 연구해서 음식을 만드는 사람이다. 주문서나 식단에 따라 재료를 준비해서 음식을 만들고, 식료품의 상태를 관리하고 검사하는 일도 한다. 요리사는 조리법에 따라서 음식을 조리하기도 하고 음식의 맛과 영양상태를 점검하기도 한다. 특히 요리 연구가는 창의성을 발휘해 지금까지 선보이지 않았던 요리를 만들어 내는 사람이다. 그렇기 때문에 요리연구가(요리사)는 예민한 미각이 필수이며, 새로운 음식 메뉴 개발을 위한 창의성이 요구된다. 오랜 시간 서서 일하는 경우가 많기 때문에 인내심과 끈기, 체력도 강해야 한다. 또한 주방에서는 여러 사람이 함께 요리를 하는 경우가 많아서 협동심도 있어야 하고, 고객에 대한 서비스 정신도 필요하기 때문에 대인관계 능력도 요구된다.

노동운동가 :

노동자들을 위해 꽃다운 목숨을 불사른 아름다운 청년 열사
전태일

1948년 대구에서 태어남.
1950년 한국전쟁으로 가족과 함께 부산으로 피난을 감.
1954년 아버지가 하던 재봉 사업이 망해서 온 가족이 서울로 이사를 함.
1956년 남대문 초등공민학교에 입학했지만 공납금을 제때 못내서 학교를 그만둠.
1963년 대구에서 재봉 사업을 다시 시작한 아버지를 돕기 위해 학교를 그만둠.
1965년 청계천 평화시장에 있는 '삼일사'라는 공장에 견습공으로 정식 취직
1966년 '한미사'라는 공장으로 직장을 옮겨서 재단 보조공이 됨.
1968년 아버지가 돌아가신 뒤 동료 노동자들과 '바보회'라는 모임을 만듦.
1970년 '바보회'를 '삼동 친목회'로 바꾸고 신문을 통해 노동자의 실태를 고발, 분신자
   살로 세상을 떠남.
1981년 전태일 기념관 건립 위원회가 설립됨.
2001년 민주화 운동 유공자로 지정

노동운동가 :

노동자들을 위해 꽃다운 목숨을
불사른 아름다운 청년 열사

전 태 일

물음표(?)를 느낌표(!)로 만든 전태일의 진로 로드맵

자기이해 | 청소년기 ▶ 진로탐색 | 청년기 ▶ 진로선택 | 성년기

전태일(全泰壹, 1948/8/26~1970/11/13)은 대한민국의 봉제공장 노동자이자 노동 운동가, 인권 운동가로서 노동자의 권리를 위해 스물두 해의 짧은 인생을 불꽃처럼 살다간 아름다운 청년으로 불린다. 1948년 대구에서 태어났고, 1950년 6·25 전쟁이 터져서 가족과 함께 부산으로 피난 갔으며, 1954년 아버지가 하던 재봉 사업이 망해서 온 가족이 서울로 이사를 했다. 1956년(9세) 남대문 초등공민학교에 입학했지만 공납금을 제때 못 내서 학교를 그만뒀으며, 아버지의 방황과 어머니의 지병 때문에 생활용품을 팔면서 생계를 꾸려가는 소년 가장이 되었다. 1963년(16세) 대구에서

열심히 공부하려 했지만 재봉 사업을 다시 시작한 아버지를 돕기 위해 학교를 그만두었다. 1965년(18세) 식모살이를 하러 떠난 어머니를 찾기 위해 서울로 올라와서 신문팔이와 구두닦이 등을 하며 갖은 고생을 하다가 청계천 평화시장에 있는 '삼일사'라는 공장에 견습공으로 정식 취직했다. 1966년(19세) '한미사'라는 공장으로 직장을 옮겨서 재단 보조공이 되었고, 노동자들의 불행하고도 나쁜 노동 현실에 눈뜨게 되었다. 노동 현실에 대해 고민하다가 근로기준법을 알게 되었고, 부당함을 개선할 수 있다는 희망을 갖게 되었다. 하지만 노동자들을 배려한다는 이유로 공장에서 쫓겨났다. 1968년(21세) 평생을 가난에 허덕이며 살던 아버지가 돌아가신 뒤 평소 뜻을 같이해 온 동료 노동자들과 '바보회'라는 모임을 만들었다. 바보회의 회장으로서 근로감독관을 찾아가 평화시장 노동자들의 실태를 알렸으나 이 일 때문에 오히려 해고당했다. 1970년(23세) 평화시장으로 돌아와 '바보회'를 '삼동 친목회'로 이름을 바꾸고 신문을 통해 노동자의 실태를 고발했다. 하지만 아무런 개선이 없자 근로기준법 화형식을 치르면서 시위를 벌이기로 작정했다. 자신의 한 몸을 희생해서라도 부당한 노동 현실을 개선해야 한다고 결심한 전태일은 온몸에 불을 붙이고 쓰러져서 결국 분신자살로 세상을 떠났다. 1981년 전태일 기념관 건립 위원회가 설립되었고, 2001년 민주화 운동 유공자로 지정되었다.

전태일의 진성 스토리

1.

전태일은 1948년 8월 대구의 작은 마을에서 태어났다. 전태일의 아버지 전상수는 재봉틀로 옷을 만드는 봉제 노동자였는데, 낙천적이고 쾌활한 사람이었다. 어머니 이소선은 몸은 약한 편이었지만 강한 정신력과 지혜로움을 바탕으로 어려운 살림을 잘 꾸렸다. 이소선의 아버지는 일제 강점기에 경북 지방에서 독립운동을 했던 이성조였다. 이소선은 전태일을 낳기 전에 꿈을 꿨는데, 금호강 가운데서 큰 잉어가 주먹만 한 구슬을 입에 물고 올라왔다고 한다.

전태일이 초등학생이던 어느 날, 어머니가 시장에서 갈치를 한 마리 사와서 맛있는 생선찜을 했다. 요리를 아이들이 있는 방으로 먼저 들여보내고 부엌 정리를 마친 후에 들어가 보니 생선찜을 아이들이 다 먹어버렸다. 어머니는 아이들에게 크게 실망하고는 작은 것 하나라도 나누는 마음을 가르쳐주려고 했다. 다음 날 어머니는 갈치 한 마리를 다시 사서 생선찜을 만든 후에 이번에는 아이들이 밖에서 놀고 있는 것을 보면서 혼자 먹었다. 동생 전태삼이 자기도 갈치찜을 먹고싶다면서 울자 전태일이 말했다.

"태삼아, 어제 생선찜을 우리끼리 다 먹어서 어머니가 우릴 혼내려고 그러시는 거야."

전태일은 얼른 어머니에게 잘못했다고 빌었다. 그러자 자신이 왜 그러는지 이유를 깨달은 것에 기특해 하면서 이소선이 입을 열었다.

"애들아, 먹을 것이 생기면 아버지와 어머니가 드실 것을 먼저 마련해 놓고 그 다음에 너희가 먹어야 한단다. 아무리 어려도, 또 배가 고파도 너희만 생각하면 안 된단다. 우리가 좋은 환경에서 살지는 못하지만 나중에 훌륭한 사람이 되어야 하지 않겠니?"

전태일이 다른 사람을 위해 희생하고 봉사하는 삶을 살 수 있었던 이유는 이와 같은 어머니의 올바른 가르침 때문이었다. 어머니의 교훈은 평생 전태일의 가슴에 깊이 남아 있었다.

2.

전태일이 대구에서 고등학교를 다닐 때 공립학교 연합 체육대회가 열렸다. 전태일은 장거리 달리기 대표로 나가게 되었고, 처음에는 선두로 달렸다. 하지만 배고픔에 시달렸던 탓에 기력이 부족해서 운동장을 다섯 바퀴쯤 돌자 일등과 한 바퀴나 차이가 나는 꼴찌가 되었다. 결승선을 통과할 때쯤 전태일이 한 바퀴를 더 돌아야 하는 걸 몰랐던 선생님이 일등인 줄 알고 전태일에게 다가가 손을 번쩍 들어 주었다. 그 모습을 지켜보던 친구들과 학부모들은 배꼽을 잡고 웃었다. 전태일은 끝까지 최선을 다해서 달렸고, 중간에 포기하지 않는 모습에 관중들은 힘찬 격려의 박수를 보내주었다. 전태일은 꼴찌에 아랑곳 하지 않고 최선을 다하는 사람이었다.

"하려고 노력하면 안 되는 일은 없다. 매우 곤란한 처지에 놓여도 실패가 두려워서 하던 일을 포기하지 말라." – 전태일의 일기장

전태일은 공장에서 일할 때 어린 여공들 편을 들다가 몇 번이나 쫓겨났고, 그때마다 돈을 벌기 위해 공사판에서 막노동을 했다. 그런데 전태일은 거기에서도 며칠 동안 일한 임금을 못 받은 아저씨를 도와주려고 현장 소장과 몇 번이나 다퉜다. 그 이야기를 전해들은 전태일의 어머니 이소선은 나무라지 않고 웃으면서 거기서는 쫓겨나지 않게 살살 하라고 말했다. 전태일의 뒤에는 가정 형편은 어려웠지만 아들이 하는 일은 말리지 않고 마음으로 밀어주는 어머니가 있었던 것이다. 전태일은 항상 약한 사람들 편에 서는 사람이었다.

"나는 언제부터인지 모르지만 감정에는 약한 편입니다. 조금만 불쌍한 사람을 보아도 마음이 언짢아 그날 기분이 우울합니다. 나 자신이 너무 그러한 환경들을 속속들이 알고 있기 때문인 것 같습니다." - 전태일의 일기장

전태일은 어려운 집안 형편 때문에 학교를 제대로 다니지 못했다. 학교 교육은 많이 못 받았지만 책을 읽고 글을 쓰는 것은 무척이나 좋아했다. 매일의 일상생활과 자신의 느낌을 담아 일기를 썼고, 어린 시절의 일들을 정리해서 자신만의 자서전을 만들기도 했으며, 미완성의 소설을 쓰기도 했다. 유난히 글쓰기를 좋아했던 전태일이 젊은 나이에 죽지 않았다면 그의 소설을 책으로 만났을 지도 모른다.

3.

어느 날, 구두닦이로 일하면서 구두통을 메고 돌아다니던 전태일은 평화시장 근처에서 '시다(견습공) 구함'이라는 광고를 봤다. 전태일은 아버지가 하던 재봉 일을 어려서부터 봐왔기 때문에 자신이 있어서 사장을 찾아갔고, 바로 일을 시작할 수 있었다. 전태일의 첫 월급은 1,500원이었는데, 당시 커피 한 잔의 가격이 50원이었으므로 하루 14시간의 고된 노동이 겨우 한 잔의 커피 값에 불과했던 것이다. 월급만으로는 여관 하숙비와 생활비가 부족해서 전태일은 틈틈이 생활용품을 팔면서 생계를 유지했다.

1966년 가을 전태일은 평화시장에서 정식 재봉사가 되었다. 보통 아침 8시부터 밤 10시까지 일했고, 자정이 넘어 야간 작업을 하는 경우도 있었으며, 사흘이나 연거푸 밤낮으로 일한 적도 있었다. 높이가 1.5m 밖에 안 되는 작업장에서 제대로 허리도 펴지 못한 채 하루 종일 일해야 하는 열악한 환경이었다. 어떤 재봉사는 일 하느라 손가락의 지문이 닳아서 없어지기도 했다. 견습공은 대부분 12살~13살의 어린 여자 아이들이었다. 학교에 다녀야 할 나이였지만 생계를 위해 창문 하나 없는 작업장에서 하루 14시간씩 일해야만 했다. 전태일은 불현듯 이런 생각이 들었다.

'노동자들도 사람인데, 이곳은 사람 대접을 해주는 곳이 아닌 것 같구나.'
전태일은 뭔가 크게 잘못되었다는 사실을 조금씩 깨닫기 시작했다.

전태일은 돈이 없어서 점심을 못 싸오는 어린 여공들이 불쌍해서 자신의 차비로 풀빵을 사주고는 매일 2시간 이상을 걸어서 출퇴근 했다. 하루는 어머니가 안쓰러운 마음에 한 마디 했다.

"어린 여공들이 아무리 불쌍해도 그렇지, 차비까지 털어서 빵을 사주면 어떡하니?"

전태일은 오히려 씩씩하게 대답했다.

"어머니, 여공들이 제 동생 같아서 그래요. 순옥이보다 어린 애들이 아침부터 밤늦게까지 점심도 굶으면서 일하고 있다고요. 그걸 보고 어떻게 가만히 있겠어요?"

전태일의 뜻을 알고 어머니는 더 이상 아무 말도 하지 않았다.

전태일은 공장을 관리하는 재단사가 되어야 어린 여공들을 도울 수 있다고 생각하고는 재봉사를 그만두고 재단사가 되기로 결심했다.

4.

1967년 2월 전태일은 한미사에서 재단사가 되었다. 얼마 후 함께 일하던 여공이 갑자기 피를 토해서 병원에 데려갔더니 폐병이었다. 직업병에 걸린 그 여공은 결국 해고당했고, 전태일도 여공을 감싼다는 이유로 해고당했다. 전태일은 바로 다른 곳에 취직할 수 있었지만 이 일을 계기로 노동 운동에 대해 진지한 고민을 하게 되었다. 전태일은 노동 운동을 한 적이 있는 아버지에게 궁금한 것을 물었고, 아버지는 걱정을 하면서도 근로기준법에 대해 말해 주었다.

근로기준법이 있다는 사실을 처음으로 알게 된 전태일은 당장 근로기준법이 담긴 법률 책을 사서 보았고, 근로기준법 제1조를 읽는 순간 가슴이 뛰었다.

 '제1조(목적) 이 법은 헌법에 따라 근로조건의 기준을 정함으로써 근로자의 기본적 생활을 보장, 향상시키며 균형 있는 국민경제의 발전을 꾀하는 것을 목적으로 한다.'

 근로기준법 제50조와 제55조를 읽으면서는 큰 충격을 받았다.
 '제50조(근로시간) ① 1주 간의 근로시간은 휴게시간을 제외하고 40시간을 초과할 수 없다. ② 1일의 근로시간은 휴게시간을 제외하고 8시간을 초과할 수 없다.'
 '제55조(휴일) 사용자는 근로자에게 1주일에 평균 1회 이상의 유급휴일을 주어야 한다.'

 지금까지 평화시장의 노동자들은 하루 14시간씩 일주일에 100시간 가까운 노동을 해 왔다. 근로기준법에는 여공에게 월 1회의 유급 생리 휴가를 줘야하고, 18세 미만의 노동자는 사전 동의가 없는 한 야간 작업을 못 시키도록 하는 규정도 있었다. 전태일은 노동자와 관련한 이런 법 규정들이 있는지도 모른 채 바보처럼 살아온 자신이 실망스러웠다. 전태일은 사장들이 근로기준법을 지킬 수 있도록 힘을 모으자고 동료들을 설득하기 시작했다.

 그러던 중에 아버지가 고혈압으로 돌아가셨고, 전태일은 장례식을 치른 후에 10명의 재단사와 함께 '바보회'라는 모임을 만들었다. 바보회는 기계 취급을 받아온 노동자의 처지를 인정하면서 앞으로는 바보 신세를 벗어나자는 의미를 담고 있다. 전태일은 바보회 회장을 맡아서 노동자들이 얼마나 고생하는지 설문조사를 했다. 공장 사장들의 방해가 있었지만 겨우 설문지를 회수해서 시청의 근로 감독관을 찾아가 부당 대우를 받는 노동자들의 비참한 현실을 알렸다. 하지만 근로 감독관들은 바보회 회원들의 얘기를 무시하면서 쫓아냈다. 전태일은 평화시장 노동자들을 위해 더 힘을 내야겠다고 결심했다.

5.

전태일이 노동자들을 위해 일한다는 소문이 퍼지자 평화시장 사장들은 위험인물을 노동자들과 함께 일하게 해서는 안 된다고 뜻을 모았다. 결국 전태일은 평화시장에서 일을 할 수 없게 되어 생계를 위해 막노동을 했다. 하지만 밤마다 고생하는 노동자들이 자꾸 떠올라서 잠을 제대로 이룰 수가 없었다. 전태일은 3개월 만에 다시 평화시장으로 돌아가기로 마음먹었다. 마침 전태일에 대한 소문도 사그라 들어서 재단사로 재취업을 할 수 있었다.

전태일은 기존의 바보회 회원에 신입 회원들을 추가해서 12명으로 '삼동친목회(삼동회)'를 결성했다. '삼동'은 평화시장, 동화시장, 통일상가 등 세 건물을 의미했다. 삼동회 회원들은 이번에는 방송국을 찾아가서 노동자들의 실상을 고발하기로 했다. 하지만 방송국 직원들도 근거가 없는 말이라면서 보도하지 않았다. 하지만 실망하지 않고 노동청과 시청, 방송국, 신문사의 문을 계속 두드리면서 평화시장의 비참한 현실을 지속적으로 알렸다.

그러다가 드디어 '경향신문'에 평화시장에 대한 기사가 실렸다. 하지만 노동자들의 삶에는 아무런 변화가 없었고, 삼동회 회원들은 결국 시위를 하기로 결정했다. 시장 경비원들의 삼엄한 경비를 뚫고 시위를 하면서 노동자들의 처우 개선을 요구했지만 사장들은 경기가 안 좋아서 어쩔 수 없다는 대답만 되풀이 할 뿐이었다. 오히려 이러면 노동자들에게 피해가 간다면서 삼동회 회원들을 설득하는 사장들이 대부분이었다. 전태일은 더 이상 참지 못하고 근로기준법 화형식을 하기로 결심했다. 있으나 마나 한 법을 자신의 손으로 태워버리기로 작정한 것이었다.

"친구여... 지금 이 순간의 나를 영원히 잊지 말아 주게. 그대들이 아는, 그대들의 전체의 일부인 나." – 전태일의 일기장

다음 날 전태일은 몸을 깨끗이 씻고, 머리도 단정하게 빗은 후에 까만 작업복에 검정 코트를 입었다. 전태일은 어머니와 여동생에게 먼 길을 떠나는 사람처럼 작별 인사를 하고는 집을 나섰다. 평화시장 은행 앞에는 경비원과 형사, 공장 사장들이 통로를 막고 있었다. 하지만 삼동회 회원들 덕분에 약 500명의 노동자들이 은행 앞에 모일 수 있었다. 전태일은 '우리는 기계가 아니다. 일주일에 한 번만이라도 햇빛을! 하루 16시간 노동이 웬 말이냐!'라고 적힌 종이 현수막을 들고 사람들 앞에 나섰다. 그런데 갑자기 형사들이 뛰어나오더니 현수막을 뺏어서 찢어버렸다.

전태일은 마음의 준비를 하고 갑자기 온몸에 불을 붙이고는 은행 앞을

뛰어 다녔다.

"근로기준법을 준수하라! 우리는 기계가 아니다! 일요일은 쉬게 하라! 노동자들을 혹사하지 마라!"

피 끓는 열정으로 소리치던 전태일이 바닥에 쓰러졌고, 삼동회 동료가 〈근로기준법〉 책을 불길 속으로 던졌다. 계획했던 대로 근로기준법 화형식을 실행에 옮긴 것이었다.

갑자기 벌어진 일에 사람들이 당황해서 어찌할 바를 모르고 지켜보고만 있자 삼동회 동료 한 명이 달려와서 전태일을 감싸고 있던 불을 껐다. 잠시 후에 온몸이 숯처럼 까맣게 타버린 전태일이 일어나서 비틀거리면서 외쳤다.

"내 죽음을 헛되이 하지 말라."

이 말은 전태일이 이 세상에 남긴 소원이자 모든 노동자들의 염원이었다.

Q1 전태일의 성격유형과 흥미유형, 적성유형은 분류표에서 어느 유형에 해당될까요?

Q2 전태일은 왜 '아름다운 청년'으로 불릴까요?

Q3 자신의 뜻을 관철시키기 위해 목숨을 거는 극단적인 선택을 하는 것은 옳은가?

Q4 전태일이 우리에게 가르쳐준 사명(이 세상에 다녀간 삶의 이유)은 무엇이라고 생각하나요?

- **Q5** 전태일은 젊었을 때 어떤 계기로 이와 같은 사명을 가지게 되었나요?
- **Q6** 전태일은 사명을 믿음으로 바꾸는 과정에서 어떤 고난을 극복했나요?
- **Q7** 전태일이 이런 삶을 완성하는데 가장 도움을 준 사람들은 누구라고 생각하나요?
- **Q8** 전태일의 삶을 통해서 나의 진성을 설계하기 위해서 배워야 할 점은 무엇이라고 생각하나요?

노사협의회 (참고 : 노동운동가는 직업이 아님)

노사협의회는 1997년 3월 13일 제정, 공표된 법률 5312호 '근로자 참여 및 협력 증진에 관한 법률'에 의거하여 대립적인 노사관계를 벗어나, 노사의 자율적 참여 및 협력을 통하여 상호 협조적인 노사관계를 형성하기 위하여 협의기구를 제도화한 것이다. 노사협의회는 여러 차례 개정을 거쳐 1997년에 기존의 '노사협의회법'을 폐지하고, '근로자 참여 및 협력 증진에 관한 법률'을 제정하였다. 설치 범위로는 노조의 유무와는 별개로 '30인 이상 사업(장)'에 설치하여야 하며, 노조의 근로자위원 위촉권은 근로자 과반수로 조직된 노조로 한정, 의결사항을 신설하였다.

변호사 :

암탉이 울어야 집안이 흥한다고
외친 여성인권 운동의 어머니
이태영

1914년 평안북도 운산에서 태어남.
1931년 평양 정의고등보통학교를 졸업
1932년 이화여자전문학교 가사과에 입학
1936년 이화여자전문학교 수석 졸업 후 정일형과 결혼
1949년 여성 최초로 서울대학교 법대를 졸업
1952년 제2회 고등고시에 합격해서 한국 최초의 여성변호사가 됨.
1956년 여성법률상담소(가정법률상담소)를 창설
1963년 가정법원이 설치되는데 핵심적인 역할을 함.
1970년 국제법률구조연합회 이사 및 부회장을 지냄.
1973년 세계여자변호사회 부회장을 역임
1975년 막사이사이상을 받음.
1976년 한국여성운동의 산실인 여성백인회관을 설립
1982년 유네스코 인권 교육상을 받음.
1990년 국민훈장 무궁화장 수상
1992년 3.1 문화상을 수상
1998년 세상을 떠남.
2002년 국가유공자로 인정됨.

변호사 :
암탉이 울어야 집안이 흥한다고 외친 여성인권 운동의 어머니

이 태 영

물음표(?)를 느낌표(!)로 만든 이태영의 진로 로드맵
자기이해 | 청소년기 ▶ 진로탐색 | 청년기 ▶ 진로선택 | 성년기 ▶ 진로발전 | 장년기

　이태영(李兌榮, 1914/9/18~1998/12/17)은 우리나라 최초의 여성법조인이자 인권 및 여권운동가로서 평생 불우한 처지의 여성들과 소외받는 이웃들에게 정의와 사랑을 실천해서 '인권 운동의 어머니'로 불린다. 1914년 평안북도 운산에서 태어났고, 1931년 평양 정의고등보통학교를 졸업했다. 1932년 이화여자전문학교 가사과에 입학하여 1936년 수석으로 졸업했으며, 같은 해 정일형과 결혼했다. 1949년 여성으로는 처음으로 서울대학교 법대를 졸업했고, 1952년 제2회 고등고시에 여성으로서는 첫 번째 합격자가 되어 한국 최초의 여성변호사가 되었다. 변호사가 되자마자 가족법 개

정 운동을 시작했고, 1956년 여성법률상담소(가정법률상담소)를 창설했으며, 1963년 가정법원이 설치되는데 핵심적인 역할을 했다. 1970년 국제법률구조연합회 이사 및 부회장을 지냈고, 1973년 세계여자변호사회 부회장을 역임하는 등 국제적으로도 활발한 활동을 했다. 1976년 한국여성운동의 산실인 여성백인회관을 설립하면서 인권과 여권운동에 몰두했고, 민주화운동과 인권, 여권 신장에 미친 공헌으로 1975년 막사이사이상, 1982년 유네스코 인권 교육상을 받았으며, 1990년 국민훈장 무궁화장, 1992년 3.1 문화상을 수상했다. 1998년 세상을 떠났으며 2002년 4월에 국가유공자로 인정됐다.

/ **이태영의 진성 스토리** /

1.

이태영은 '남자는 하늘, 여자는 땅'이라는 말로 상징되는 남존여비 사상이 팽배했던 시절에 작은 시골 마을에서 삼남매 중 막내딸로 태어났다. 하지만 다행히도 여자도 남자들과 똑같이 교육을 시켜야 한다는 어머니의 철학 덕분에 오빠들보다 더 많이 공부를 할 수 있었다.

이태영은 어릴 때부터 오빠들과 자주 어울려 놀았던 탓인지 당차고 씩씩한 아이였다. 특히나 남들 앞에 서는 것을 좋아해서 연극이나 웅변, 노래 등 무대 위에 서는 것을 즐겼다. 초등학생 때는 웅변대회 참가자 명단에서 빠지자 선생님을 쫓아다니며 끈질기게 설득해서 결국 대회에 참가할 수 있었다.

이태영은 아버지가 탄광 사고로 일찍 돌아가셔서 홀어머니 밑에서 경제적인 어려움을 겪으며 자랐다. 대학에 가고 싶었지만 어머니와 오빠들의 도움이 없이는 어려운 상황이었다. 집안 형편 때문에 공부를 포기할 수도 있었지만 이태영은 가족들의 도움 없이도 학업을 마치기 위해 전 학년 장학생이 되어 어려움을 극복했다.

2.

1935년 이태영은 조선중앙일보사에서 주최한 전국 여학생 웅변대회에 출전했다. 거기서 노르웨이 극작가 입센의 희곡 〈인형의 집〉에서 아이디어를 얻은 '제2의 인형'이란 제목으로 웅변을 했다.

"여러분, 거리에서 소나 말이 수레를 끌면서 힘들어 하면 마부가 뒤에서 밀어줍니다. 그런데 우리나라 여자들은 밥 하고, 물 긷고, 빨래 하고, 길쌈 하고, 아이 기르고, 땔감 하고, 논밭의 일까지 거드느라 소나 말보다 더 힘든 일을 많이 하는데 누구 하나 도와주는 사람이 없습니다. 제1의 인형이 입센의 희곡 주인공 '노라'라면 제2의 인형은 한국의 여성입니다. 이제 이 땅의 여성들도 남자에게 복종하는 굴레를 벗어야 합니다. 지금까지 한국 여성들은 사람 대접을 제대로 못 받았습니다. 여자도 어머니와 아내이기에 앞서 인간일 뿐이므로 남자와 똑같은 대우를 받아야 합니다. 이런 권리는 누가 주는 것이 아니라 우리 스스로 찾아야 합니다."

이화여자전문학교에 다니던 이태영의 대담한 주장에 청중들은 크게 술렁였다. 왜냐하면 여자는 남자가 시키는 대로 군말 없이 그대로 따라야 한다고 생각하던 그 당시에는 받아들이기 어렵고, 시대를 많이 앞선 내용이었기 때문이었다. 몇 명의 남성들이 연단에서 내려오라며 소란을 피웠지만 이태영은 끝까지 자신의 할 말을 다 하고 연설을 마쳤다. 심사위원들은 이태영을 일등으로 선정했다. 대상 수여를 하면서 조선중앙일보사 사장 여운형은 인상 깊은 연설이었다면서 우리 겨레의 여성을 이끄는 지도자가 되어달라고 당부했다. 이태영은 모두가 존경하던 여운형의 칭찬을 받고 가슴이 떨렸다. 그리고 여성도 남성과 똑같이 존중 받으면서 행복하게 살 수 있는 세상을 만드는데 선구자가 되겠다고 결심했다.

3.

1950년 제2대 국회의원 선거에 남편 정일형이 출마했을 때 이태영이 찬조 연사로 나섰다. 그 시절에는 결혼한 부부가 함께 다닐 때 아내는 몇 발짝 뒤에서 조용히 따르는 것이 보통이었다. 그런데 젊은 여성이 남편의 지지를 호소하는 연설을 하기 위해 유세장 연단에 오르자 몇몇 사람들이 '암탉이 울면 집안이 망한다'면서 심한 야유를 보냈다. 그러자 이태영은 이렇게 되받아쳤다.

"암탉이 울면 왜 집안이 망합니까? 암탉이 울면 계란을 낳기 때문에 집안이 흥합니다."

이태영의 기발한 응수는 유권자들에게 신선한 감동을 주었고, 결국 정일형은 당선되었다.

1952년 겨울의 어느 날, 사람들이 벽에 붙은 벽보를 보면서 수군거리고 있었다. 아이가 네 명이나 있고 마흔이 다 된 여자가 사법고시에 합격한 것이었다. 벽보에는 '우리나라 최초의 여성 법조인 탄생'이란 제목과 함께 이태영이 꽃다발을 들고 환하게 웃고 있었다. 우수한 성적으로 고시에 합격한 이태영은 판사가 될 수 있었지만 이승만 대통령이 야당 국회의원인 정일형의 아내를 판사로 만들고 싶지 않아서 발령을 반대했다. 그래서 어쩔 수 없이 변호사가 될 수밖에 없었다. 어릴 때부터 바랐던 변호사의 꿈은 그렇게 이루어 졌다.

　이태영이 자신의 집에 변호사 사무실을 열자 한국 최초의 여성 변호사 개업 소식이 전국으로 퍼졌다. 그리고 기다렸다는 듯이 수많은 여성들이 이태영의 사무실을 찾았다. 대부분 돈도 없고, 지위도 없으며, 법도 몰라서 어려움을 겪게 된 불쌍한 여성들이었다. 구구절절한 사연들이 쏟아지다보면 사무실은 금세 눈물바다가 되곤 했다. 그런데 매일 순서를 한참이나 기다려야 할 만큼 수십 명이 찾아왔지만 정작 정식으로 변호를 부탁하는 사람은 없었다. 대부분 무료 법률 상담을 원했던 것이다. 이태영은 법률적 도움이 필요한 여성들을 돕기 위해 상담소를 열어야겠다는 생각을 했다. 그래서 여성문제연구소 황신덕 소장을 찾아가 의논했고, 황 소장이 선뜻 돕겠다고 나서서 '여성 법률 상담소'가 문을 열게 되었다. 변호하는 일만 하면 돈을 벌 수 있었지만 스스로 어려운 일을 선택한 것이었다.

4.

 이태영은 바쁜 일정을 소화하면서도 짬을 내어 '여성 법률 상담소'에서 여성들과 상담도 했고, 사정이 딱한 여성들의 경우에는 돈을 받지 않고 변론을 해주기도 했다. 이태영의 이런 용기와 정의로움에 감동하는 사람들이 차츰 늘어났고, 무료 상담을 돕겠다는 변호사들도 점점 많아졌다.

 그러던 어느 날 이태영은 늦은 밤 서재에 홀로 앉아서 깊은 생각에 잠겼다. 상담과 변론을 통해 여성들을 도와주고 있지만 근본적인 문제를 해결하지는 못하고 있다는 사실에 답답함이 느껴졌던 것이다. 이태영은 고심 끝에 당시의 가족법이 여성들에게 여러 가지 굴레를 씌워 놓고 있는 것이 문제의 본질임을 깨달았다. 그래서 여성들의 눈물을 멈추게 하기 위해 법을 고치기로 결심했다.

 그 당시의 가족법에는 여성을 차별하는 조항이 많았다. 이혼을 하면 남성만 자녀를 키울 수 있었고, 결혼 후에 모은 재산이라도 무조건 남편의 재산으로만 인정되었다. 특히 '호주(집안의 주인)'의 지위가 남성에게 먼저 주어지기 때문에 아버지가 세상을 떠나면 아들이나 손자가 호주가 되었다. 아들이 어리거나 미성년자여서 가족을 실질적으로 돌보는 사람이 할머니나 어머니여도 가족법에서는 남성이라는 이유로 아들을 먼저 인정했다. 아들이나 손자가 없을 경우 딸도 호주가 될 수는 있었지만 여성은 결혼을 하면 남편의 호적에 올라야 했으므로 사람들은 아들이 없으면 집안의 대가 끊긴다고 생각했다. 그래서 딸보다 아들을 더 귀하게 여기는 '남아 선호 사상'이 심했던 것이다. 가족법에서 여성은 남성 아래의 존재로 차별을 당하고 있었다.

이태영은 가족법을 바꾸기 위해 여기저기 바쁘게 움직였다. TV나 라디오 방송에 나가서 알리기도 했고, 신문에 자신의 생각을 글로 써서 기고하기도 했으며, 전국을 순회하면서 강연도 했다. 이런 과정에서 1973년 이태영을 포함한 법조인 다섯 명이 가족법 개정안을 만들었다. 여성에게 불리한 가족법 조항을 없애거나 바꾸자는 내용이었는데, 당시의 사람들에게 엄청나게 충격적인 사건이었다. 특히나 호주제를 없애는 조항에 대해 찬반 의견이 팽팽하게 맞서서 사회적인 논란거리가 되었다.

1977년 이태영과 수많은 여성들의 피땀 어린 노력으로 가족법이 개정되었는데, 가족법 개정 운동을 시작한지 20년만의 결실이었다. 가족법은 이후로도 지속적인 개정을 거쳤고, 1989년 이혼한 여성도 재산을 나눠 가질 수 있게 되었으며, 2008년에는 호주제가 없어졌다. 가족법의 개정으로 주위의 많은 여성들이 지위가 높아졌다며 축하 인사를 전하자 이태영은 담담한 표정을 지으면서 이렇게 말했다.
"우리가 새롭게 얻은 것은 없습니다. 다만 제자리를 찾았을 뿐이지요."

5.

가족법을 개정한 후에 이태영은 또 다른 계획을 세웠다. 여성들을 가로막고 있는 벽을 넘기 위해 힘을 하나로 모을 수 있는 공간을 만드는 것이었다. 이태영은 한 장에 20원 하는 건물의 벽돌 값을 모으는 운동을 시작했다. 그리고 몇 년 후 서울 여의도에 '여성 백인 회관'을 완공했다. 이태영은 벽돌 값을 보내준 여성들의 이름을 구리판에 새겨서 건물에 걸었다. 그리고 여성법률상담소를 '가정법률상담소'로 이름을 바꾸고 '여성 백인 회관'에서 새 출발을 했다.

이태영은 남편 정일형이 먼저 세상을 뜬 이후에도 슬픔을 뒤로 하고 가족법 개정 운동에 매진했다. 그러다 1998년 가족들이 지켜보는 가운데 조용히 눈을 감았다. 이태영은 한국 최초의 여성 변호사로서 본인이 원했다면 부귀영화를 누리면서 편안하게 살 수 있었다. 하지만 안락한 삶을 버리고 가난하고 힘없는 여성들의 편에서 평생을 헌신하며 살았다. 그리고 가족법 개정이라는 큰 성과를 거두었다. 숨을 거두기 전에 이태영은 다음과 같은 말을 남겼다.

"우리 모두가 평등해지려면 이 땅의 절반을 차지하고 있는 여성이 해방되어야 합니다. 남녀평등 이야말로 인간 평등의 위대한 시작입니다."

Q1 이태영의 성격유형과 흥미유형, 적성유형은 분류표에서 어느 유형에 해당될까요?

Q2 이태영은 왜 '인권 운동의 어머니'로 불릴까요?

Q3 남성과 여성의 특성을 고려하지 않고, 남녀를 평등하게 대하는 것은 옳은가?

Q4 이태영이 우리에게 가르쳐준 사명(이 세상에 다녀간 삶의 이유)은 무엇이라고 생각하나요?

Q5 이태영은 젊었을 때 어떤 계기로 이와 같은 사명을 가지게 되었나요?

Q6 이태영은 사명을 믿음으로 바꾸는 과정에서 어떤 고난을 극복했나요?

Q7 이태영이 이런 삶을 완성하는데 가장 도움을 준 사람들은 누구라고 생각하나요?

Q8 이태영의 삶을 통해서 나의 진성을 설계하기 위해서 배워야 할 점은 무엇이라고 생각하나요?

변호사

변호사는 개인과 개인 간, 단체와 개인, 단체와 단체 등의 다툼에 관련된 민사사건이나 범죄에 관련된 형사사건 등에서 개인이나 단체를 대신해서 소송을 제기하거나 재판에서 그들을 변호하는 활동을 한다. 민사소송사건이나 조정사건, 비송사건, 행정소송사건 등에 있어서는 사건 당사자의 의뢰나 위촉을 받아 소송을 제기하거나 조정, 이의, 화해, 취하 등의 법 절차를 수행하고, 형사소송사건에서는 피고인, 피의자 등과 접견하거나, 관계서류 및 증거물의 열람(등사), 구속취소, 보석과 증거보존 청구, 구속영장실질심사, 구속적부심 청구, 증인심문, 변론, 항소(상고), 공증 등 다양한 업무를 수행한다.

민주투사 :

대쪽 같은 성품으로 우리나라 민주주의의 토대를 만든 참된 지식인

장준하

1918년 평안북도 의주에서 태어남.
1932년 삭주 대관국교를 졸업, 평양 숭실학교에 입학
1938년 신천 신성 중학교를 졸업
1938년~1940년 신안 소학교에서 3년간 교사로 일함.
1944년 일본군에 징집되었으나 6개월 만에 탈출해서 광복군에 들어감.
1948년 대한민국 정부 수립 후 제1공화국에서 공무원 생활을 함.
1953년 4.19 혁명의 단초가 된 월간 '사상계'를 창간
1956년 동인문학상을 제정
1961년 5.16 쿠데타 이후 한일회담 반대운동, 베트남 전쟁 파병반대운동에 가담
1962년 한국인 최초로 막사이사이상(언론부문)을 수상
1967년 국가원수 모독죄로 옥고를 치렀으나 옥중 출마로 서울 동대문을구 국회의원
 에 당선됨.
1971년 출판사 '사상사'를 설립하고, 〈돌베개〉를 출판
1973년 민주통일당 창당에 참여해서 최고위원이 됨.
1974년 긴급조치 1호 위반으로 구속됨.
1975년 경기도 포천의 약사봉에서 의문사 함.
1991년 건국훈장 애국장을 추서받음.
1999년 금관문화훈장을 추서받음.
1999년 (사)장준하기념사업회가 설립됨.

민주투사 :

대쪽 같은 성품으로 우리나라
민주주의의 토대를 만든 참된 지식인

장 준 하

물음표(?)를 느낌표(!)로 만든 장준하의 진로 로드맵

자기이해 | 청소년기 ▶ 진로탐색 | 청년기 ▶ 진로선택 | 성년기 ▶ 진로발전 | 장년기

장준하(張俊河, 1918/8/27~1975/8/17)는 독립운동가이자 정치가, 언론인, 사회운동가로서, 유신체제를 반대하는 민주화 운동을 하면서 불의에 맞서는 참다운 용기를 보여줌으로써 '참된 지식인의 양심'으로 불린다. 1918년 평안북도 의주에서 태어났고, 1938년 신성 중학교를 졸업했으며, 신안 소학교에서 3년간 교사로 일했다. 1944년 일본군에 징집되었으나 6개월 만에 탈출해서 광복군에 들어갔다. 1948년 대한민국 정부 수립 이후 제1공화국에서 공무원 생활을 했고, 1953년 4.19 혁명의 단초가 된 월간 '사상계'를 창간했으며, 1956년 동인문학상을 제정했다. 1961년 5.16 쿠데

타 이후 한일회담 반대운동, 베트남 전쟁 파병반대운동에 가담했고, 1962년 한국인으로는 최초로 막사이사이상(언론부문)을 수상했다. 1967년 6대 대통령 선거에서 윤보선 후보를 지지하는 유세 중에 박정희 후보의 친일파, 남로당 경력을 문제 삼았다가 국가원수 모독죄로 옥고를 치렀고, 제7대 국회의원으로서 국방위에서 활동했다. 1975년 박정희 정권에 항거하는 모종의 거사를 준비하던 중에 경기도 포천의 약사봉에서 의문사 했다. 1991년 건국훈장 애국장, 1999년 금관문화훈장을 추서 받았고, 1999년 독립운동과 민주화운동의 정신을 계승하기 위해 (사)장준하기념사업회가 설립되었다.

/ 장준하의 진성 스토리 /

1.

일제 강점기에 태어난 장준하는 중학교 때부터 민족을 위해 쓸모 있는 사람이 되고 싶었다. 그래서 브나로드 운동(동아일보사가 일제의 식민통치에 저항하기 위해 일으킨 농촌계몽 문맹퇴치 운동)에 참여해 배우지 못한 농민들에게 한글을 가르쳤다. 대학생 때는 일본군 학병으로 전쟁터에 끌려갔지만 목숨을 걸고 탈출해서 대한민국 임시정부의 광복군이 되었다.

전쟁터에서 군의관이 마취도 하지 않고 수술을 하기 위해 생살을 칼로 벨 때 장준하는 고통받는 동포들을 떠올리면서 어금니를 악물고 고통을 참았다. 수류탄이 터지는 아찔한 순간에도 동지의 신발을 챙겨서 같이 도망갈

정도로 마음이 따뜻하기도 했다. 장준하는 대한민국 임시정부 주석이었던 백범 김구의 비서로 일했고, 귀국한 뒤에는 광복군 참모장을 지냈던 이범석이 만든 조선민족청년단 교무처장으로 일하기도 했다.

2.

우리나라가 일본의 압제에서 벗어나 광복된 후에도 시련은 이어졌다. 이념 차이 때문에 나라가 남북으로 나뉘고, 동족을 서로 죽이는 전쟁까지 일어났다. 6·25 전쟁으로 삼천리강산은 폐허처럼 변했고, 우리 민족의 마음에도 큰 상처를 남겼다. 장준하도 전쟁으로 자식을 잃었지만 슬픔에 빠져있지 않고, 민족을 위해 무슨 일을 할까를 고민했다. 그래서 시름과 고통에 빠진 한민족의 가슴에 용기와 희망을 주고 싶어서 〈사상계〉라는 잡지를 만들었다. 〈사상계〉에 실린 글들은 우리 민족에게 마음의 양식이 되었다.

사상계를 처음 만들기 시작했을 때 장준하는 허름한 다방 한구석에서 혼자 잡지를 편집했다. 점심과 저녁 식사도 거르면서 잡지에 실을 글을 얻기 위해 신발이 닳도록 열심히 뛰어다녔다. 겨우 잡지가 인쇄되어 나오자 그걸 손수레에 싣고 아내와 함께 서점마다 돌아다니면서 배달했다. 어떤 사람이 왜 사서 이런 고생을 하느냐고 묻자 장준하가 대답했다.
"부끄럽지 않은 조상이 되기 위해서입니다. 그리고 통일 반대 세력의 총탄에 쓰러지신 김구 선생님의 뜻을 잇는 일이기 때문입니다."

이승만 정권은 전쟁이 끝난 후에 피폐해진 국민의 생활을 보살피기 보다는 자기들에게 반대하는 사람들을 억압하면서 독재 정치를 했다. 장준하는 펜으로 항거하면서 독재 정권에 맞섰다. 〈사상계〉를 통해 독재 정권을 호되게 꾸짖으면서 민주 정치를 하라고 주장했다. 수많은 국민들이 〈사상계〉를 보면서 민주주의에 대한 희망을 키웠다. 이승만 정권은 결국 1960년 장준하 같은 용기있는 사람들에 의해 4.19 혁명으로 무너졌다.

3.

1961년 박정희를 비롯한 군인들이 5.16 쿠데타를 일으켜서 이 땅에 총칼을 앞세운 군사 정권이 들어섰다. 그런데 그들은 군사 쿠데타를 '군사 혁명'이라고 선전하면서 정의로운 일인 것처럼 사람들을 호도했고, 혼란한 사회를 틈타 북한이 쳐들어올지도 모른다고 위협했다. 장준하는 〈사상계〉의 글을 통해 박정희 정부를 비판했다. 군사 정부의 수사관은 장준하를 중앙정보부로 끌고 와서 위대한 혁명을 모독했다면서 윽박질렀다. 장준하는 차분하게 자신의 생각을 말했다.

"우리까지 당신들을 칭찬하면 민주 정치를 하지 않고 군사 정치를 계속할 것 아니오. 우리는 나라의 장래를 위해서 그런 일을 미리 막으려고 했을 뿐이오."

더 이상 억지를 부릴 수 없었던 수사관은 어쩔 수 없이 장준하를 돌려보냈다.

장준하의 자유와 정의, 민권을 위한 싸움은 외국에까지 알려져서 1962년 아시아에서 유명한 상인 막사이사이상을 받게 되었다. 장준하가 이 상을 받기 위해 필리핀으로 갔다 올 때 일본에서 갈아타야 하는 항공편 밖에 없었다. 장준하는 일본 땅을 밟기 싫어서 몇 시간이나 비행장 안의 환승장에만 머물다 왔다. 그리고 상금으로 받은 1만 달러는 동인문학상의 상금으로 썼다.

장준하는 박정희 정권에 지속적으로 맞서 싸웠다. 1964년 박정희가 사과도 하지 않고 돈으로 문제를 해결하려는 일본과 외교 관계를 새롭게 맺으려고 하자 굴욕적인 한일 회담이라면서 반대 성명을 냈다. 일본은 우리나라를 강제로 지배했으면서도 미안하다는 말도 한마디 안 했고, 빼앗아갔던 물건들도 돌려주지 않았으며, 끌려갔던 사람들이 일한 대가도 제대로 주지 않았다. 한국 국민들이 일본을 미워하는 것은 어쩌면 당연한 일인데, 국민들에게 물어보지도 않고 비밀스럽게 일본과 화해를 하려고 하자 국민들이 화가 난 것이었다. 한일 회담 반대 성명을 하는 연설에서 장준하는 이렇게 말했다.

"여러분, 정부는 한일 회담을 빨리 해야 한다고 말하는데, 일제 치하에서 우리 국민들이 당했던 고통은 생각도 안 하는 겁니까? 한일 회담은 돈 얼마 받고 나라를 팔아먹는 것과 같은 일입니다."

1966년 재벌 기업의 사카린 밀수 사건이 터졌을 때도 정부가 문제를 대충 덮어두려고 하자 박정희 대통령이 밀수 왕초라면서 규탄했다. '밀수(密輸)'란 세관을 통하지 않고 외국에서 몰래 물건을 들여와서 비밀리에 사고 파는 활동을 뜻한다. 사카린은 설탕이 귀하던 시절에 설탕 대신 사용하던 하얀 가루다. 당시 우리나라는 너무 가난해서 설탕을 구하기가 어려워서 많은 사람들이 비싼 설탕 대신 값싼 사카린을 사용했다. 사카린 장사가 잘되자 재벌 기업도 욕심을 부려서 사카린을 일본에서 몰래 들여와 팔려고 하다가 발각된 것이었다.

큰 기업이 나쁜 짓을 하자 사람들은 놀라움을 금치 못하면서 분통을 터뜨렸고, 정부가 기업주를 감싸고 돌자 더욱 화가 치밀었던 것이었다. 사람들은 죄를 지은 재벌 기업이 자신들 몰래 정부에 돈을 주고 있어서 그냥 넘어가는 것이라고 생각했다. 이런 의문을 갖고 있던 차에 정부와 재벌 기업과의 관계를 '밀수 왕초'에 빗대어 얘기하자 속이 시원해졌다.

4.

대통령과 정부에 불만이 있어도 함부로 말했다가 무슨 일을 당할지 모르던 시절에 장준하는 사람들이 하고 싶었던 말을 대신해 주어서 아낌없는 박수와 지지를 받았다. 하지만 박정희 대통령과 그를 따르는 사람들에게 장준하는 눈에 박힌 가시 같은 존재였다. 박정희는 온갖 수단을 동원해 장준하를 억누르면서 〈사상계〉까지 폐간시켰다. 장준하는 거리로 나가 국민의 자유와 권리를 짓밟는 독재 정권은 물러나야 한다고 외쳤다. 박정희 정권은 장준하를 서른일곱 번이나 붙잡아 갔고, 아홉 번이나 감옥에 가두었다. 하지만 장준하는 정의를 위해서는 목숨도 바칠 수 있다는 용기가 있었기에 두려움 없이 맞섰다.

장준하는 감옥에 갈 때마다 이런 생각을 했다고 한다.

'나라를 되찾기 위해 목숨을 걸고 일본과 싸울 때도 감옥에는 한 번도 안 갔는데, 같은 민족에게 붙잡혀서 감옥에 가다니 너무나 안타깝구나…'

1972년 박정희 정권은 군인들을 앞세워 헌법을 자기들 마음대로 뜯어 고쳤다(10월 유신). 낡은 제도를 새로 뜯어고친다는 '유신'이라는 이름을 빌려서 국민들이 대통령을 직접 뽑는 제도를 없애고 자기 혼자 평생 대통령을 할 수 있게 만들었다. 박정희는 유신 정권에 반대하는 사람들을 모조리 잡아 가두었다. 사람들은 박정희 유신 정권을 미워하면서도 잡혀갈까봐 무서워서 어쩌지 못하고 있었다. 바로 그때 장준하는 10월 유신에 반대하는 서명 운동을 펼쳤다. 첫 번째 펭귄 같은 장준하의 이런 용기있는 행동이 우리나라의 민주주의의 토대가 되었다.

5.

1975년 여름의 어느 날, 장준하는 동지들과 함께 포천에 있는 약사봉으로 등산을 가기로 했다. 한참 산을 오르던 장준하 일행은 중간에서 점심을 준비하기 시작했고, 도시락을 싸왔던 장준하는 혼자서 먼저 정상으로 향했다. 그런데 잠시 후에 뒤따라갔던 사람이 장준하가 절벽 아래로 떨어져서 죽었다는 소식을 전했다. 사고 현장에 급히 달려간 동지들은 장준하의 주검을 보고 도저히 믿을 수가 없었다.

몇 달 전부터 주변 사람들에게 몸조심 하라는 비밀 연락을 받았던 터라

실족사가 아닌 타살이 의심되었다. 하지만 힘이 없었기 때문에 아무런 증거도 찾지 못했다. 결국 장준하는 사인이 베일에 싸인 채 갑자기 세상을 떠나 버렸다.

공부를 많이 했거나 많이 아는 사람을 '지식인'이라고 하고, 옳지 않은 일에 대해서 맞서 싸우거나 옳은 일을 실천하는 사람을 '참된 지식인'이라고 한다. 장준하는 평생 양심에 따라 용기를 발휘해 정의를 실천하는 '참된 지식인'의 모습을 보여줬다. 장준하는 불의의 사고로 갑자기 죽었지만 그의 정신은 많은 사람들의 가슴속에 생생하게 남아서 올바른 삶을 살고자 애쓰는 우리들에게 '양심의 거울'이 되어주고 있다. 장준하는 생전에 이런 말을 자주 했다.

"우리는 후손들에게 못난 조상들이라는 손가락질을 받지 않기 위해 바르고 옳은 길을 가야 한다. 우리가 가야 할 그 길은 민주주의를 지켜내는 길 뿐이다."

Q1 장준하의 성격유형과 흥미유형, 적성유형은 분류표에서 어느 유형에 해당될까요?

Q2 장준하는 왜 '참된 지식인의 양심'으로 불릴까요?

Q3 목숨을 잃을 수도 있는 상황에서 바른 말을 하는 것은 옳은가?

Q4 장준하가 우리에게 가르쳐준 사명(이 세상에 다녀간 삶의 이유)은 무엇이라고 생각하나요?

Q5 장준하는 젊었을 때 어떤 계기로 이와 같은 사명을 가지게 되었나요?

Q6 장준하는 사명을 믿음으로 바꾸는 과정에서 어떤 고난을 극복했나요?

Q7 장준하가 이런 삶을 완성하는데 가장 도움을 준 사람들은 누구라고 생각하나요?

Q8 장준하의 삶을 통해서 나의 진성을 설계하기 위해서 배워야 할 점은 무엇이라고 생각하나요?

영화 '암살'과 '밀정'의 독립투사 의열단 (참고 : 민주투사는 직업이 아님)

의열단은 일제강점기에 많은 독립운동단체들의 비폭력 투쟁은 조선독립에 실질적인 도움이 되지 않는다고 보고 신흥무관학교 출신을 중심으로 급진적이고 과격한 폭력투쟁을 목적으로 설립되었다. 의열단 단원은 단장 김원봉을 중심으로 윤세주, 이성우, 곽경, 강세우, 이종암, 한봉근, 한봉인, 김상윤, 신철휴, 배동선, 서상락, 권 준 등 13명이다. 단재 신채호가 1923년 1월에 발표한 <조선혁명선언>(일명 의열단선언)을 보면 '문화주의, 외교론, 준비론'과 같은 타협주의를 배척하고 오로지 폭력적이고 직접적인 민중혁명에 의해서만 일제를 타도할 수 있다고 전술하고 있다. 의열단은 오로지 조국독립을 위하여 희생정신으로 무장하여 과격하고도 과감하면서도 적극적인 투쟁으로 독립을 쟁취해야 하며, 암살대상으로 ①조선총독 이하 고관, ②군부 수뇌, ③대만총독, ④매국노, ⑤친일파 거두, ⑥적탐(밀정), ⑦반민족적 토호열신(土豪劣紳) 등을 지목하였고, 파괴대상으로 ①조선총독부, ②동양척식회사, ③매일신보사, ④각 경찰서, ⑤기타 왜적 중요기관 등의 폭파를 목적으로 하였다. 의열단은 1926년부터 당시 유행하던 사상계의 영향을 받아 사회주의 이론을 수용하면서 순수한 민족주의노선에서 사회주의 내지는 급진적 민족주의노선으로 전환하게 되었다.

무용가 :

춤을 위해 태어난 전설의 세계적인 춤꾼
최승희

1911년 경성에서 태어남.
1922년 숙명여자고등보통학교에 입학
1926년 일본 현대무용의 선구자 이시이 바쿠의 제자가 됨.
1929년 경성에 '최승희 무용 연구소'를 세움.
1930년 경성공회당에서 '최승희 무용발표회'를 개최
1931년 좌파 문학평론가 안막과 결혼
1933년 조선춤의 일인자 한성준에게 장구춤, 부채춤, 승무, 칼춤, 가면춤 등을 배움.
1934년 일본 도쿄에서 무용 발표회를 개최
1935년 영화 〈반도의 무희〉에 출연, 일본 전국 순회 공연
1938년 미국에서 춤 공연
1939년 유럽에서 춤 공연
1940년 남미에서 춤 공연
1946년 남편 안막의 권유로 북한으로 건너가서, 평양에 '최승희 무용 연구소'를 세움.
1955년 국제청년학생축전에서 평화상을 받고 북한의 인민배우가 됨.
1957년 최고인민회의 대의원에 당선
1958년 남로당 숙청으로 남편 안막이 정치계에서 밀려남, '최승희 무용 연구소'도 국립 예술대학 무용학부로 개편됨.
1969년 농민 계급으로 몰락한 후에 비참한 최후를 맞음.

무용가 :

춤을 위해 태어난
전설의 세계적인 춤꾼

최 승 희

물음표(?)를 느낌표(!)로 만든 최승희의 진로 로드맵
자기이해 | 청소년기 ▶ 진로탐색 | 청년기 ▶ 진로선택 | 성년기 ▶ 진로발전 | 장년기

　　최승희(崔承喜, 1911/11/24~1969/8/8)는 한국을 대표하는 무용가로 일제 강점기에 미국과 유럽, 남아메리카 순회공연을 통해 한민족에게 희망과 긍지를 심어줌으로써 '전설의 세계적인 춤꾼'이라 불린다. 1911년 경성에서 태어났고, 1922년 숙명여자고등보통학교에 입학했으며, 1926년(16세) 졸업 후 일본 현대무용의 선구자 이시이 바쿠의 제자가 되었다. 1929년(19세) 일본 유학을 마치고 귀국해서 경성에 '최승희 무용 연구소'를 세웠고, 1930년 경성공회당에서 한국인 최초의 독자적인 춤 공연인 '최승희 무용발표회'를 가졌다. 1931년(21세) 좌파 문학평론가 안막과 결

혼했고, 1933년 조선춤의 일인자로 알려진 한성준을 찾아가 장구춤, 부채춤, 승무, 칼춤, 가면춤 등을 배웠다. 1934년(24세) 일본 도쿄에서 무용 발표회를 열었고, 1935년 영화 〈반도의 무희〉에 출연했으며, 일본 전국 순회공연을 했다. 1938년(28세) 미국에서 춤 공연을 했고, 1939년 유럽에서 공연을 했으며, 1940년 남미에서도 공연했다. 1946년 남편 안막의 권유로 북한으로 건너갔으며, 평양에 '최승희 무용 연구소'를 열었다. 1955년 폴란드에서 열린 국제청년학생축전에서 평화상을 받고, 북한의 인민배우가 되었으며, 1957년 최고인민회의 대의원에 당선되었다. 1958년 남로당 숙청으로 남편 안막이 정치계에서 밀려났고, '최승희 무용 연구소'도 국립예술대학 무용학부로 개편되었다. 1969년 농민 계급으로 몰락한 후에 비참한 최후를 맞았다.

/ **최승희의 진성 스토리** /

1.

일제 강점기에 태어난 최승희는 어렸을 때 공부를 잘 해서 소학교를 2년이나 일찍 졸업하고 숙명여자고등보통학교에 입학했다. 최승희는 노래와 춤 실력도 아주 뛰어나서 학교 행사 때면 대표로 무대에 서곤 했다. 최승희는 일본인의 수탈로 집안 살림이 어려워져서 끼니를 걱정해야 할 정도로 가난한 생활을 했다. 하지만 자존심이 강했던 최승희는 어려운 환경을 꿋꿋하게 이기고, 맡은 일을 야무지게 해냈다. 청소를 할 때는 양동이를 열심히 들고 다녀서 '바케쓰(양동이)'라는 별명이 붙을 정도였다.

졸업할 때가 되자 음악 선생님이 최승희에게 일본 도쿄에 있는 음악 학교에 진학할 것을 권했다. 예술적인 재능이 워낙에 탁월해서 큰 성공으로 학교를 빛낼 거라 믿었기에 교장 선생님도 장학생으로 추천했다. 하지만 또래보다 나이가 어렸기 때문에 입학할 수 없었다. 공부를 너무 잘해서 소학교(초등학교)를 2년이나 빨리 졸업한 게 중요한 순간에 발목을 잡았다. 최승희는 불합격 소식에 상심하면서 우울한 나날을 보냈다.

2.

그러던 중에 최승희의 오빠가 우연히 일본의 세계적인 무용가 이시이 바쿠가 제자를 모집한다는 신문 공고를 봤다. 오빠는 우선 최승희를 이시이 바쿠의 공연장에 데려갔다. 생전 처음 보는 화려한 무대와 아름다운 무용수들의 움직임은 단번에 최승희의 마음과 눈을 사로잡았다. 최승희는 거기서 무용가가 되겠다는 꿈을 갖게 되었다.

공연이 끝난 후에 오빠는 아는 사람에게 부탁을 해서 최승희를 이시이 바쿠와 만나게 해주었다. 너무 떨려서 아무 말도 못하고 있던 최승희를 대신해서 오빠가 입을 열었다.

"승희는 음악과 춤에 대한 재능이 아주 뛰어나서 학예회 때마다 학교 대표로 뽑혀서 노래하고 춤도 추었어요."

이시이 바쿠가 최승희를 찬찬히 살펴보더니 훌륭한 무용가의 자질을 발견했는지 그 자리에서 제자로 받아들였다.

순조롭게 일본으로 무용유학을 가려던 계획은 부모님의 반대로 위기를 맞았다. 그 당시에는 무용 공연이 별로 없었기 때문에 춤을 춘다고 하면 술집에서 기생들이나 하는 짓이라고 여겼던 때였다. 최승희의 부모님도 딸을 기생으로 만들 수는 없다며 어르고 달래면서 말렸다. 그리고 다른 여자들처럼 얌전하게 지내다가 시집이나 가라고 말했다.

일본 유학 경험이 있던 오빠는 최승희가 공부하려는 춤이 기생들이나 추는 것이 아니라 무대에서 예술가들이 추는 춤이라고 부모님을 설득했다. 그리고 이시이 바쿠 선생님이 세계적으로 존경받는 훌륭한 예술가라고 치켜세웠다. 결국 오빠의 설득과 최승희의 고집에 부모님도 허락을 할 수 밖에 없었다. 최승희는 일본으로 떠나면서 마음속으로 이런 다짐을 했다.

'조선에는 아직 진정한 무용가가 없으니 내가 조선을 대표하는 최고의 무용가가 되겠어.'

3.

드디어 꿈에 그리던 일본 유학 생활이 시작되었다. 최승희의 하루 24시간은 온통 무용으로 채워졌다. 이시이 바쿠는 매일 두 시간 정도 무용 연구생들을 가르쳤다. 이시이 바쿠는 손끝과 발끝까지 온몸에 정신을 집중하면서 잡생각을 모두 버리라고 강조했다. 연구생들이 춤 연습을 하다가 실수를 하면 이시이 바쿠는 평소에 완벽해야 무대에서 실수를 하지 않는다면서 호통을 쳤다.

이시이 바쿠는 일본 춤뿐만 아니라 서양 춤인 발레와 현대 무용도 가르쳤다. 최승희는 키가 크고 팔다리도 길어서 발레나 현대무용이 특히 잘 어울렸다. 그래서 이시이 바쿠는 최승희를 더욱 아끼면서 엄격하게 가르쳤다. 최승희는 다른 연구생들이 쉴 때도 혼자 연습을 계속했다. 하루 종일 서서 춤 연습을 하다 보니 온몸이 멍 투성이였고, 밤이 되면 다리가 퉁퉁 붓고 아파서 잠을 제대로 못잘 지경이었다.

얼마 후 이시이 바쿠와 연구생들은 조선의 경성(서울)에서 무용 공연을 하게 되었다. 혼자 춤을 추는 순서를 갖게 된 최승희는 뛸 듯이 기뻤다. 신문들마다 조선의 무용가 최승희가 고국 땅에서 공연을 하게 되었다면서 크게 보도했다. 덕분에 최승희를 보러 온 사람들로 객석이 가득 찼다. 최승희는 〈세레나데〉라는 춤을 추었는데, 풍부한 표현력과 환상적인 동작에 사람들은 환호를 보내며 탄성을 질렀다. 이시이 바쿠는 사람들이 최승희에게 열광하는 모습을 보고, 매년 경성 공연을 개최했다.

이시이 바쿠 무용 연구소에서의 유학 생활이 3년쯤 되었을 때 최승희는 새로운 춤을 창작해서 자신만의 춤을 추고 싶은 욕구가 강해졌다. 마침 오빠도 3년 후에 귀국하겠다는 약속을 지키라는 편지를 보내왔다. 최승희는 이시이 바쿠 선생님께 죄송하다는 말씀을 드리고 자신의 예술을 찾겠다면서 일본을 떠났다.

4.

　최승희는 경성으로 돌아와 오빠의 도움을 받아 무용 연구소를 열었다. 하지만 돈이 없는 예술가라서 연구소 운영에 큰 어려움이 있었다. 무용복도 다시 사야했고, 연주가들에게 월급도 줘야 했다. 어려운 상황을 틈 타 여러 가지 유혹적인 제안이 쏟아질 무렵 오빠의 소개로 안막이라는 청년을 만나게 되었다. 안막은 자상하고 이해심이 많아서 단번에 최승희의 마음을 사로잡았고, 결혼까지 하게 되었다. 달콤한 신혼도 잠시, 안막이 사회 체제를 혼란스럽게 만드는 글을 썼다는 이유로 일본 경찰에게 잡혀갔다. 다행히 몇 달 뒤에 풀려났지만 그 후로 일본의 감시를 계속 받아야 했다.

　최승희는 결혼 후 임신 중에도 무대에서 춤추는 것을 멈추지 않았다. 그런데 관객들은 환호를 보냈지만 전문가들의 평가는 예전과 달랐다. 최승희의 춤이 독창성이 떨어지고, 이시이 바쿠를 모방한 것에 불과하다고 혹평하는 사람도 있었다. 최승희는 자신을 감싸고 있는 보이지 않는 벽을 느끼고는 방황하게 되었다. 그리고 진정한 자신만의 춤을 추려면 더 배워야 한다는 사실을 깨달았다. 마침 이시이 바쿠가 경성에 오게 되어 최승희는 용서를 구하고 다시 제자로 받아달라고 부탁했다. 이시이 바쿠는 최승희의 뛰어난 능력을 알고 있었기에 떠났던 제자를 다시 받아들였다. 최승희와 안막은 한국 생활을 정리하고 일본으로 떠났다. 특히 안막은 아내가 예술가의 길을 걷는데 도움을 주기 위해 자신의 문학 활동도 포기했다.

　초심으로 돌아가 오직 춤만을 생각하면서 생활하던 어느 날, 이시이 바쿠는 최승희를 불러서 조선 춤을 배워볼 것을 권했다. 마침 한국의 전통 춤으로 유명한 한성준이 방송 출연을 위해 도쿄에 와 있었다. 최승희는 한성준에게 우리 춤을 배우면서 자유롭고 흥겨운 멋에 푹 빠져버렸다. 그 후 1년 반 동안 틈나는 대로 조선에 가서 광대나 기생, 시골 사람들로부터 우리 춤을 열심히 배웠다.

1934년 가을, 최승희는 자신의 이름을 걸고 첫 번째 단독 공연을 하게 되었다. 최승희는 이 공연에 모든 것을 쏟아 부었다. 산후조리를 제대로 못해 건강이 안 좋았지만 매일 15시간 이상을 연습했고, 공연비를 마련하기 위해 결혼 예물과 양복, 드레스 등 값이 나가는 물건은 모두 팔았다. 공연 날 폭풍우가 몰아쳐서 걱정했지만 공연장 3층까지 빈 자리가 하나도 없이 관객들로 가득 찼다. 공연이 시작되자 최승희의 품속에서 무엇인가 반짝였다. 조명을 받아 빛나는 것의 정체는 다름 아닌 칼이었다. 최승희는 무당들이 굿을 할 때나 쓰던 칼을 이용해 '검무'로 승화시켰던 것이었다. 이어서 어릴 적 술 취한 아버지의 모습을 떠올리면서 만든 '취무'도 선보였다. 관객들은 최승희가 새롭게 창작한 춤에 완전히 매료되어 열렬한 박수와 환호를 보냈다. 다음 날 신문과 잡지는 최승희의 성공적인 공연을 대대적으로 보도했다.

5.

첫 공연이 대성공을 거두면서 최승희는 일본과 조선 각 지역을 돌면서 공연을 했고, 최고의 무용가로 이름을 날렸다. 최승희는 관객이 원하는 것을 간파하는 본능적인 감각을 갖고 있었다. 춤을 추는 도중에는 관객의 반응을 살피면서 공감도를 높이기 위해 노력했다. 최승희는 단발머리를 좋아했는데, 사람들에게 강한 인상도 주고, 무용할 때 머리에 쓰는 관을 빨리 벗는데도 유리했기 때문이었다. 최승희는 공연장 앞에서 자신의 무용 사진을 10장 정도 묶어서 팔았는데, 관객들이 자기 춤을 영원히 기억하도록 하기 위함이었다.

최승희는 예술에 대해서는 무척이나 엄격했다. 일본 공연을 할 때 관객 한 명이 큰 소리로 떠든 적이 있었는데, 최승희는 당장 춤을 멈추고 호통을 치고는 다시 춤을 추었다고 한다. 한 공연에서는 최승희를 스토킹하던 남자가 흉기를 휘두르면서 무대에 난입하는 사건도 있었다. 최승희는 당황하지 않고 침착하게 요리조리 그 사람을 피하면서 춤을 췄고, 자연스럽게 무대 뒤로 퇴장하면서 춤을 마무리 했다. 관객들은 최승희의 예술가 정신에 기립박수를 보냈다.

최승희는 세계적인 무용가가 되겠다는 꿈이 있었기에 일본과 조선에서의 공연에 만족하지 않았다. 결국 세계를 돌면서 공연하는 꿈을 이루기 위해 과감하게 미국행 비행기를 탔다. 하지만 일제 치하에서 일본 무용가로 소개할 수밖에 없었고, 미국의 조선 동포들이 이를 못마땅하게 여겨서 공연장 앞에서 시위를 하는 바람에 미국 공연은 취소되었다.

최승희는 프랑스로 건너가 '코리안 댄서 최승희'라는 이름을 크게 내걸고 공연을 홍보했다. 미국과는 달리 유럽은 일본의 감시가 심하지 않아서 가능한 일이었다. 최승희는 혼신의 힘을 다해서 26편의 작품을 무대에 올렸고, 관객들은 기립박수를 보내며 열광했다. 유럽 신문들은 최승희의 뛰어난 재능과 넘치는 열정, 강한 체력에 찬사를 보내는 기사를 쏟아냈다. 이후 최승희는 미국과 유럽, 남아메리카를 돌며 150회가 넘는 공연을 했고, 그토록 바라던 세계적인 무용가의 꿈을 이루었다.

6.

일제 강점기에 우리 민족의 영웅은 일본 사람과 겨뤄서 이겼던 마라톤의 손기정과 무용의 최승희였다. 최승희가 러시아 사할린으로 공연을 갔을 때 조선 사람들이 조국을 떠난 외로움과 나라를 빼앗긴 한을 풀었다면서 돈을 모아 건넸다. 그녀의 춤을 본 사람들은 비록 나라는 없지만 우리 민족은 살아있다는 것을 느낄 수 있었다.

최승희의 인기는 요즘의 톱스타를 뛰어넘었다. 춤으로 스타가 된 사람은 최승희가 처음이었기 때문이었다. 최승희는 젊은이들뿐만 아니라 작가와 예술가, 외교관, 정치인 등 전문가와 지식인의 사랑을 듬뿍 받았다. 최승희는 인기를 몰아서 화장품과 식품, 학용품 등의 광고 모델로 활동하기도 했고, 영화에 주인공으로 출연하기도 했다. 심지어는 최승희의 사진이 실린 우편엽서가 나오기까지 했다. 한 잡지는 하늘을 찌를 듯한 최승희의 인기를 보도하면서 '사람 죽이는 여자'라는 제목을 달기도 했다.

1945년 일본이 전쟁에서 패하고 조선은 광복을 맞았으나 열강들의 압력을 견디지 못하고 남과 북으로 분단되었다. 최승희는 안막의 권유로 북한으로 가서 한국의 무용을 체계화 시켰다. 하지만 안막이 이념의 희생양이 되면서 최승희도 비극적인 최후를 맞았다. 최승희는 사라졌지만 그녀의 세계적인 춤은 영원히 기억 속에 남아 있을 것이다.

Q1 최승희의 성격유형과 흥미유형, 적성유형은 분류표에서 어느 유형에 해당될까요?

Q2 최승희는 왜 '전설의 세계적인 춤꾼'으로 불릴까요?

Q3 정치나 이념, 종교의 성향이 다를 때 가족 한 사람의 의견에 따르는 것은 옳은가?

Q4 최승희가 우리에게 가르쳐준 사명(이 세상에 다녀간 삶의 이유)은 무엇이라고 생각하나요?

Q5 최승희는 젊었을 때 어떤 계기로 이와 같은 사명을 가지게 되었나요?

Q6 최승희는 사명을 믿음으로 바꾸는 과정에서 어떤 고난을 극복했나요?

Q7 최승희가 이런 삶을 완성하는데 가장 도움을 준 사람들은 누구라고 생각하나요?

Q8 최승희의 삶을 통해서 나의 진성을 설계하기 위해서 배워야 할 점은 무엇이라고 생각하나요?

무용가

무용가는 몸을 이용한 새로운 율동을 창안, 해석하거나 혼자 또는 단체의 일원으로 예술적인 춤을 추는 사람이다. 무용가는 작품의 내용과 감정을 관객에게 전달하기 위해 다양한 동작을 통해 작품을 표현하고, 대중과 함께 호흡하는 무대를 구성하며, 자신이 맡은 배역과 전체적인 공연 분위기에 맞는 컨셉을 정한다. 안무가나 연출가로부터 무용 지도를 받기도 하고, 예술적 감동이나 자신의 의지를 표현하기 위해 음악에 맞추어 표정연기를 하며, 무용을 새롭게 창작하고 연출하기도 한다. 무용 단원들을 지도하고 연습시키며 감독하는 일도 한다.

기업가 :

국민을 위해 봉사하는 기업
유한양행 설립자
유일한

1895년 평양에서 태어남.
1904년 미국으로 유학을 떠남.
1916년 미시간 주립대학 상괴에 입학
1919년 필라델피아 한인총대표회의 참석, 미시간주립대학 졸업
1922년 라초이 식품 회사를 설립
1925년 중국인 호미리와 결혼
1926년 귀국해 유한양행을 설립
1930년 미국 제약회사와 계약을 맺음.
1941년 해외 한족 대회 집행위원으로 활약
1942년 로스앤젤레스 맹호군 창설의 주역으로 활동
1948년 미국 스탠퍼드 대학원에서 국제법을 공부
1952년 고려 공과 기술 학교를 설립
1962년 유한 학원을 설립
1963년 개인 소유 주식을 연세대학교와 보건 장학회에 기증
1964년 유한 공고로 이름을 바꾸면서 교육과 장학 사업을 발전시킴.
1968년 모범납세자로 선정되어 동탑 산업 훈장을 받음.
1969년 전문 경영인 조권순에게 사장직을 물려줌.
1970년 국민훈장 모란장을 받음.
1971년 세상을 떠나면서 전 재산을 사회에 환원함.
1977년 유한 공업 전문학교(유한대학교) 설립
1995년 건국훈장 독립장 추서

기업가 :

**국민을 위해 봉사하는 기업
유한양행 설립자**

유 일 한

물음표(?)를 느낌표(!)로 만든 유일한의 진로 로드맵

자기이해 | 청소년기 ▶ 진로탐색 | 청년기 ▶ 진로선택 | 성년기 ▶ 진로발전 | 장년기

유일한(柳一韓, 1895/1/15~1971/3/11)은 대한민국의 기업가이자 사회사업가, 독립운동가로서 민족기업인 유한양행을 설립한 후, 정당하게 돈을 벌고, 정직하게 세금을 냈으며, 수익금과 유산을 교육 사업을 통해 사회에 환원해서 '노블리스 오블리주(Noblesse oblige, 사회 지도층의 지위에 걸맞은 모범을 보이는 행위를 표현할 때 쓰는 말)의 선구자'로 불린다. 1895년 평양에서 태어났고, 1904년(10세) 미국으로 유학을 갔다. 1916년(22세) 미시간 주립대학에 입학했고, 1919년 졸업했다. 1922년(28세) 라초이 식품 회사를 설립해서 사업을 시작했고, 1925년 호미리와 결혼했으

며, 1926년 귀국해 유한양행을 설립했다. 1930년 미국 제약회사와 계약을 맺었고, 1939년 중국과 유럽으로 수출을 확장했다. 1941년 해외 한족 대회 집행위원으로 활약했고, 1942년 맹호군 창설의 주역으로 활동했다. 1952년 고려 공과 기술 학교를 설립했고, 1962년 유한 학원을 설립했다. 1963년 개인 소유 주식을 연세대학교와 보건 장학회에 기증했고, 1964년 유한 공고로 이름을 바꾸면서 교육과 장학 사업을 발전시켰다. 기업을 통해 나라 발전에 공헌한 업적을 인정받아 1968년 동탑 산업 훈장, 1970년 국민훈장 모란장을 받았다. 1969년 전문 경영인에게 사장직을 물려줬으며, 1971년 세상을 떠나면서 전 재산을 사회에 환원했다.

/ **유일한의 진성 스토리** /

1.

1904년, 열 살이던 유일한은 혼자서 미국으로 조기 유학을 떠났다. 스스로 학비와 생활비를 벌어야 해서 무척 힘들었지만 꾹 참고 이겨냈다. 유일한은 고등학교를 졸업하고 대학 진학을 잠시 뒤로 미루고는 변전소에서 일하며 학비를 벌었다. 1916년 유일한은 미시간 주립대학 상과(경영학과)에 입학했다. 상과를 선택한 이유는 조국으로 돌아가 우리 민족에게 보탬이 되는 큰 기업을 세우겠다는 포부가 있었기 때문이다.

대학생이 된 유일한은 아르바이트로는 학비와 생활비를 충당하기 어렵다는 사실을 깨닫고는 사업을 하기로 마음먹었다. 첫 사업은 타향살이를 하는 차이나타운의 중국인 대상으로 중국 물건을 파는 일이었다. 유일한은 천부적인 장사 수완과 부지런함, 뛰어난 사람 사귀는 능력을 바탕으로 많은 돈을 벌었다. 1920년 유일한은 대학을 졸업하고 미시간 중앙 철도 회사에 회계사로 취직했다. 그리고 얼마 후에는 그 당시 미국의 대기업이었던 제너럴 일렉트릭 회사의 사원으로 뽑혔다. 하지만 유일한은 자신의 사업을 하고 싶은 꿈이 있어서 직장 생활을 하면서 틈틈이 사업 준비를 했다. 일 년도 채 안 되어 유일한은 자신의 회사를 차리기 위해 일류 회사에 사표를 냈다.

2.

그렇게 유일한은 숙주나물 사업을 시작했다. 처음에는 숙주나물을 유리병에 담아서 판매하는 것으로 인기를 끌었다. 하지만 유리병은 무거워서 운반이 어렵고, 깨지기 쉽다는 단점이 있었다. 유일한은 단점을 개선하기 위해 통조림으로 가공해서 파는 기술을 연구했다. 4개월의 연구 끝에 유일한은 섬유질을 파괴하지 않고 숙주나물 본래의 맛을 유지하는 비법을 찾아냈다. 대량 생산을 하기만 하면 대박이 날거란 기대를 갖고 대형 식료품 가게를 운영하던 대학 동창 윌레스 스미스에게 동업을 제의했다. 윌레스 스미스가 3일 만에 동업 제안을 받아들이면서 '라초이 식품 회사'가 탄생되었다. 20대 젊은이들이 도전정신으로 만든 회사였지만 확실한 수요 예측 덕분에 숙주나물은 날개 돋친 듯 팔렸다.

숙주나물 통조림은 물량이 부족할 정도로 엄청나게 팔려나갔다. 숙주나물은 중식 요리에 꼭 필요한 재료인데, 통조림으로 공급되자 백인들까지 좋아하게 되었다. 회사가 한창 성장하고 있을 무렵 유일한은 동업자 스미스에게 회사를 그만두고 귀국하고 싶다고 말했다. 스미스는 어이가 없었지만 조국을 위해 의미 있는 일을 하고 싶다는 유일한의 뜻을 꺾을 수 없었다. 유일한은 일제 치하에서 헐벗고 굶주린 동포들에게 값 싸고 질 좋은 물건을 공급하고, 일자리도 만들어 줘서 희망을 심어주고 싶었던 것이다. 전도유망한 기업을 버리고 앞날이 어두운 식민지 조국으로 가겠다고 말하는 유일한을 스미스는 이해하기 어려웠다.

3.

1925년 유일한은 중국 여자 호미리와 결혼했다. 가정을 이룬 유일한은 일제 치하에서 고통 받는 고국의 동포들이 더욱 안타깝게 느껴졌다. 그래서 1926년 귀국해 제약회사인 유한양행을 설립했다. 유한양행은 처음에는 미국 제약회사와 협력으로 약품을 수입해서 팔았고, 나중에는 중국에 공장과 창고를 지어 직접 생산하고 판매했다. 덕분에 약학 관련 공부를 한 많은 젊은이들이 일자리를 얻을 수 있었다.

1936년 유일한은 유한양행을 주식회사로 바꾸었고, 전 직원들에게 회사 주식을 나눠주었다. 유일한은 평소 갖고 있던 '기업은 개인의 것이 아니라 사회와 종업원의 것이다'라는 경영철학을 몸소 실천했다. 경기도 부천의 소사 공장은 기숙사와 운동장, 화원, 양어장, 수영장 등 사원을 위한 복지 시설을 함께 갖추고 있었는데, 당시로서는 파격적인 것이었다.

소사 공장 준공식에서 유일한은 종업원들에게 이렇게 말했다.

"여러분은 항상 우리 민족이 일본보다 뛰어나다는 자부심과 긍지를 갖고 한민족의 보건을 위해 일한다는 마음가짐을 가져야 합니다. 유한양행은 어느 한 개인이 아니라 우리 동포를 위해서 존재합니다. 여러분이 정성스레 좋은 상품을 만들어서 동포들에게 공급한다면 유한양행은 국민과 함께 성장할 것입니다. 유한양행은 국민을 위해 봉사하는 민족기업입니다."

유한양행의 사원들은 유일한의 기업가 정신에 감동받아 애국자라는 신념으로 일했고, 유한양행은 빠르게 성장할 수 있었다.

4.

1946년 유일한은 기업인들이 모여 설립한 대한상공회의소의 초대 회장에 취임하면서 인척 관계가 아니었던 친구 구영숙에게 사장 자리를 물려주었다. 자식이나 친척에게 회사를 물려주는 것이 관례로 통하던 당시에는 놀라운 사건이었다. 1948년 유일한이 미국에서 국제법을 공부하고 있을 때 초대 대통령 이승만이 상공부 장관을 맡아 달라고 부탁했다. 유일한은 정치에는 관심이 없고, 기업을 설립하고 키우는 일이 자신의 사명이라면서 정중히 거절했다.

1950년 6·25 전쟁으로 한반도가 쑥대밭으로 변하자 유일한은 유한양행을 다시 일으키기 위해 사장으로 복귀했다. 그리고 산업 인력을 양성하는 것이 부강한 나라를 만드는 지름길이라는 신념으로 교육 사업에 힘썼다. 1952년에는 고려 공과 기술 학교를 세웠고, 1964년에는 유한 공업 고등학교로 이름을 바꿨으며, 1965년 유한교육신탁기금(유한재단)을 만들어 각 대학의 우수한 학생들에게 장학금을 줬다.

유일한은 나라에 내야 하는 세금은 정직하게 자진해서 납부해야 한다고 생각했다.

"기업에서 얻은 수익은 그 기업을 키운 사회에 돌려줘야 합니다. 그리고 기업은 세금 납부에 충실해야 합니다. 국가는 세금 없이는 유지될 수 없고, 기업은 나라의 보호 없이 존재할 수 없기 때문입니다."

유일한은 큰돈을 벌었지만 늘 검소했다. 자신을 기업의 소유주가 아니라 기업의 일을 맡아서 대신하는 일꾼으로 생각했기 때문이었다.

5.

1971년 유일한은 세상을 떠나면서 유언장을 남겼는데, 거기에는 자신의 모든 재산을 사회에 환원하라는 내용이 담겨있었다.

"손녀 유일링에게 대학 졸업 때까지 학자금으로 1만 달러를 준다. 딸 유재라에게 유한 공고 주변 땅 5천 평을 물려주니 유한 동산으로 꾸며서 잘 가꾸길 바란다. 아들 유일선은 대학까지 공부시켜 줬으니 자립해서 살아라. 나머지 모든 재산은 한국 사회와 교육 원조 신탁 기금에 기증한다."

공증인이 유서를 다 읽자 가족과 친지들의 입에서는 가벼운 탄성이 터져 나왔고, 어떤 사람은 너무 감동해서 눈물을 흘리기까지 했다.

신문들은 유일한의 유서를 주요 기사로 다뤘다. 전 재산을 사회에 환원한 예가 없었고, 누구나 할 수 없는 일이었기 때문이었다. 재산의 일부를 사회복지 시설에 기부한 기업가는 간혹 있었지만 모든 재산을 사회에 내놓는 것과는 하늘과 땅 차이였다.

유일한은 애국심으로 교육 사업에도 애정을 쏟았다. 유일한은 죽기 1년 전에 쇠약한 몸으로 유한 공업 고등학교의 졸업식에 참석했고, 세상을 떠나기 6개월 전에 '한국 사회 및 교육 원조 신탁 기금'을 설립했다. 이 단체는 교육 사업과 장학 사업, 사회 사업을 좀 더 효율적으로 운영하기 위해 만든 것이었는데, 1977년 '유한재단'으로 이름을 바꾸어 오늘날까지도 사회 사업을 이어가고 있다.

"기업의 기능에는 이익을 남기고 일자리를 창출하는 것뿐만 아니라 유능하고 유익한 인재를 길러내는 교육까지도 포함되어야 한다." – 유일한

유일한은 80년 가까이 살면서 평생에 걸쳐 이룬 모든 것을 가족이 아니라 나라에 바치고 빈손으로 떠났다. 그리고 유일한의 유언을 받들어 평생 교육사업과 공익사업에 헌신했던 딸 유재라도 1991년 세상을 떠나면서 자신의 전 재산을 유한재단에 기증했다. 유일한과 유재라는 전 재산을 사회에 돌려주고 처음 세상에 나왔을 때처럼 빈손으로 유한 동산에 나란히 잠들어 있다. 유일한과 유재라는 '기업 이윤의 사회 환원' 정신의 표본으로 오랫동안 기억될 것이다.

"기업을 해서 아무리 큰 부를 쌓았다고 할지라도, 죽음을 앞두고 하얀 시트에 누운 사람의 손에는 한 푼의 돈도 쥐어져 있어서는 안 된다. 사람은 죽으면서 돈이나 명성을 남기기도 하지만 가장 가치 있는 것은 사회를 위해서 남기는 그 무엇이다." - 유일한

Q1 유일한의 성격유형과 흥미유형, 적성유형은 분류표에서 어느 유형에 해당될까요?

Q2 유일한은 왜 '노블리스 오블리주의 선구자'로 불릴까요?

Q3 자신의 재산을 자식들에게 하나도 물려주지 않는 것은 옳은가?

Q4 유일한이 우리에게 가르쳐준 사명(이 세상에 다녀간 삶의 이유)은 무엇이라고 생각하나요?

Q5 유일한은 젊었을 때 어떤 계기로 이와 같은 사명을 가지게 되었나요?

Q6 유일한은 사명을 믿음으로 바꾸는 과정에서 어떤 고난을 극복했나요?

Q7 유일한이 이런 삶을 완성하는데 가장 도움을 준 사람들은 누구라고 생각하나요?

Q8 유일한의 삶을 통해서 나의 진성을 설계하기 위해서 배워야 할 점은 무엇이라고 생각하나요?

최고경영자 (대표이사)

최고경영자(대표이사)는 기업의 대표로 사업체를 운영하며 경제성과 이익 극대화를 위해 시장 상황을 내다보고 홍보나 판매에 관련된 일들을 계획하고 관리, 결정한다. 이사회나 기타 운영기관 또는 법령이 정하는 바에 의해 위임된 권한 하에서 사업체 운영을 위한 전반적인 정책을 수립하거나 과거의 실적과 미래의 계획을 포함한 회사운영 전반에 대해 평가하며 향후 사업계획을 수립하고 결정하는 일을 한다. 대외적으로 사업체를 대표하고, 고위 간부와 임원을 임명하며 예산을 배정하고 조직의 업무분장을 최종 조정하고 승인하는 일 등을 한다. 무엇보다 의사결정능력과 판단력, 분석적 사고능력, 정보수집능력, 협상능력 등이 요구되며 조직 전체를 목적으로 이끄는 리더십과 책임감이 요구된다.

문학인 :

감각적인 이야기로 우리민족의 아픔을
소설로 승화시킨 위대한 작가
박완서

1931년 경기도 개풍에서 태어남.
1937년 서울로 이사
1944년 숙명여자고등학교에 입학
1950년 서울대학교 국문학과에 입학했으나 한국 전쟁으로 학업 중단
1953년 직장 동료인 호영진과 결혼
1970년 〈여성동아〉 장편 소설 공모전에 '나목(裸木)'으로 등단
1981년 『엄마의 말뚝』으로 제5회 이상문학상 수상
1990년 『미망』으로 대한민국문학상 수상
1993년 『꿈꾸는 인큐베이터』로 제38회 현대문학상 수상
1997년 『그 산이 정말 거기 있었을까』로 제5회 대산문학상 수상
2001년 『그리움을 위하여』로 제1회 황순원문학상 수상
2006년 제16회 호암예술상 수상. 서울대학교 명예 문학박사 학위를 받음.
2011년 담낭암으로 세상을 떠남.

문학인 :

감각적인 이야기로 우리민족의 아픔을 소설로 승화시킨 위대한 작가

박완서

🕐 물음표(?)를 느낌표(!)로 만든 박완서의 진로 로드맵

자기이해 | 청소년기 ▶ 진로탐색 | 청년기 ▶ 진로선택 | 성년기 ▶ 진로발전 | 장년기

박완서(朴婉緖, 1931/10/20~2011/1/22)는 대한민국의 여성 소설가로서 풍부한 언어와 짜임새 있는 구성으로 시대의 거울 역할을 충실히 해서 '감각적인 이야기로 시대를 비춘 작가'로 불린다. 1931년 경기도 개풍에서 태어났고, 세살 때 아버지를 잃었으며, 1937년(7세) 서울로 이사했다. 1944년(14세) 숙명여자고등학교에 입학했고, 담임 교사였던 소설가 박노갑에게 문학적인 영향을 받았다. 1950년(20세) 서울대학교 국문학과에 입학했으나 한국 전쟁이 일어나 학업을 중단했다. 1953년 직장 동료인 호영진과 결혼해서 1남 4녀를 두었다. 마흔 즈음인 1970년 〈여성동아〉 장편 소

설 공모전에 '나목(裸木)'으로 등단했다. 그 후 평범한 일상에 입체적인 의미를 부여하고, 사회 문제를 공론화 했으며, 인간의 관점에서 해결책을 담은 작품들을 많이 창작했다. 주요 작품으로는 소설 '엄마의 말뚝', '그해 겨울은 따뜻했네', '그 많던 싱아는 누가 다 먹었을까' 등이 있고, 수필 '못 가본 길이 더 아름답다', '살아있는 날의 소망', '꼴찌에게 보내는 갈채' 등이 있다. 『엄마의 말뚝』으로 제5회 이상문학상을 수상했고, 『미망』으로 대한민국 문학상을 수상했으며, 『꿈꾸는 인큐베이터』로 제38회 현대문학상 등을 받았다. 2011년 향년 81세로 세상을 떠났다.

/ 박완서의 진성 스토리 /

1.

박완서의 어머니는 뛰어난 이야기꾼이었다. 그런 어머니 덕분에 가난하고 외로운 시절을 행복하고 충만한 시기로 기억할 수 있었다. 어머니가 밤늦도록 바느질을 하시면 박완서는 그 옆에 앉아서 이야기를 들려달라고 졸랐다. 어머니의 이야기는 무궁무진했다. 심심할 때, 출출할 때, 예쁜 옷을 갖고 싶을 때, 친구가 놀릴 때, 고향이 그리울 때, 시험을 망쳤을 때 어머니는 재미있는 이야기로 박완서의 아픔을 달랬다. 어머니의 이야기는 만병통치약이었다.

박완서는 20살에 겪은 한국 전쟁으로 숙부와 오빠를 잃었고, 늙은 어머니와 올케, 어린 조카 둘과 함께 살면서 모진 고생을 했다. 포악한 정치와

무차별적인 폭격, 굶어죽는 사람이 지천에 널린 무서운 분위기 속에서 사람들의 생명력은 더 질기고 싱싱했다. 박완서의 어머니와 올케는 자식과 남편을 잃은 슬픔으로 비탄과 절망에 빠진 나날을 보냈다. 살아 있음에 모욕감을 느끼면서도 죽겠다는 적극적인 의욕도 없이 그날그날을 의미 없이 보내고 있었다.

박완서도 처음에는 어머니와 올케의 태도에 동조했지만 시간이 지나면서 굶어 죽을 상황에 처하자 생각을 바꾸었다. 어머니와 올케는 불행하게 살고 있지만 자신은 아직 젊고 결혼도 안 했기 때문에 행복하게 살 수 있는 가능성이 있다고 생각했다. 그렇게 정신을 차리고 어린 조카들에 대한 책임감도 강해져서 돈을 벌겠다는 용기를 냈다. 어머니의 눈치를 보거나 올케에게 주눅 들어 살지 않겠다고 다짐하고 행복을 위해 치열하게 살기 시작했다.

한국전쟁이 발발한 후 1년 뒤 1951년 겨울에 박완서는 할 수 있는 일을 찾기 위해 무작정 거리로 나섰다. 하지만 대부분이 군인이고, 미군을 상대로 장사하는 사람과 노약자가 조금 있을 뿐이었다. 폐허처럼 변한 도시에서 일자리를 찾기는 무척이나 어려운 일이었다. 미약하나마 정당하게 밥벌이를 할 수 있는 일을 찾다가 미8군 PX(매점)에서 점원으로 일하는 행운을 잡았다. 그 당시 국내에서는 생산품이 거의 없어서 PX에서 흘러나오는 생활용품이 큰 인기였다. 그래서 PX 점원은 모두가 선망하는 일자리였다.

PX에서 일하게 되자 조만간 굶어 죽게 될 거라며 동정심을 보내던 이웃 사람들이 장차 떼돈을 버는 게 아니냐며 부러운 시선을 보냈고, 가족들의 눈빛에도 생기가 돌기 시작했다. 박완서는 자신의 취직으로 가족들이 희망을 갖게 된 것에 크게 만족했다.

2.

첫 출근날 간단한 영어회화 테스트를 거쳐서 배치된 매장은 사람들에게 별로 인기가 없는 초상화부였다. 면접을 볼 때 국문학과가 아니라 영문학과 출신이라고 거짓말을 했는데, 뒤늦게 영어실력이 형편없다는 것을 알고 내린 조치였다. 초상화부는 극장 간판을 그리던 화가들을 모아놓고 지나가는 미군을 꼬드겨서 초상화를 그리게 하고 돈을 받는 곳이었다. 박완서의 역할은 매장 앞에 진열된 견본 초상화 근처에서 고객들을 유인하는 일이었다.

평소 말주변이 없었던 박완서는 자신의 적성에 맞지 않는 최악의 일을 하게 되었다는 실망감으로 한 달 월급만 받고 그만두기로 작정했다. 그런데 벙어리처럼 말을 거의 하지 않고 버티기에는 한 달이 너무 길었다. 화가들이 가만히 있지를 않았던 것이다. 박완서는 월급제였지만 화가들은 그림 숫자만큼 수당을 받았다. 그래서 전에 일했던 사람이 받아 놓은 주문을 거의 다 소화하자 화가들의 원성이 커지기 시작했다. 박완서는 자신이 하고 있는 일에 다섯 식구 밥줄뿐만 아니라 다섯 명의 화가들의 식구까지 포함해서 수십 명의 밥줄이 걸려있다는 사실을 깨달았다. 결국 그 사람들에 대한 책임감과 부담감으로 박완서는 용기를 내서 부딪쳤다.

눈짓 몸짓을 하면서 하루하루 시간이 지나다 보니 조금씩 말문이 열리기 시작했고, 그림을 의뢰할 만한 사람들도 척 보고 알아내기 시작했다. 박완서의 영업 노하우는 이런 식이었다.
"잠깐만요, 멋진 신사님. 정말 핸섬하고 차밍하시군요."
"제가요? 그런 얘기는 처음 들어 보는 군요."
"이렇게 멋진 분의 애인이나 아내는 얼마나 미인일까요? 그 행복한 여인의 사진이라도 보고 싶네요"
"지갑에 넣고다니는 사진이 하나 있는데, 자, 보세요."
"역시나 제 예상이 정확하군요. 너무 아름답고 예쁘세요."
"그렇게 말씀해 주시니 감사하네요."
"만약 이 분에게 초상화를 선물한다면 얼마나 기뻐할까요?"
"그렇겠지요? 제가 볼 일 보고 오는 동안 하나 그려주세요."

간혹 떨떠름하게 구는 고객이 있으면 화가들이 우리나라를 대표하는 유명 작가라고 뻥을 치고는 싼값에 명화를 가질 수 있는 절호의 기회라고 떠벌렸다. 이런 식으로 일하면서 몇 달이 지나자 전임자의 주문 수량과 비슷한 수준이 되었다.

3.

하지만 여전히 어려운 일이 남아 있었다. 그림을 찾으러온 고객이 마음에 들지 않을 때 반품을 받아 다시 그려주지 않기 위해서는 갖은 아양을 떨면서 떠넘겨야 했다. 화가들은 반품을 받으면 시간과 비용의 손해가 크기 때문에 고객들의 비위를 맞추기 위해 이미지 메이킹을 하라고 압력을 가했다. 그래서 화장도 하고, 숯불로 달군 집게로 머리를 지지는 불파마도 했다.

박완서도 화가들에게 압력을 가하기는 마찬가지였다. 기분이 나쁠 때는 순순히 반품을 받기도 했고, 이것도 그림이라고 그렸냐면서 비하하기도 했으며, 큰 불만을 갖고 있던 화가에게는 윗사람을 통해 해고시키겠다는 위협도 마다하지 않았다. 아직 철부지 말괄량이 기질이 남아 있어서 자신보다 훨씬 나이가 많은 화가들을 선생님이나 아저씨로 부르는 것이 아니라 김씨, 이씨로 부르면서 마치 하인이나 아랫사람처럼 대했다.

그러던 어느 날, 박씨라는 화가가 화집을 한 권 끼고 왔다. 박완서는 화집을 갖고 다니면 간판쟁이를 화가로 봐줄 줄 아느냐면서 속으로 비웃었다. 박씨는 무슨 낌새를 챘는지 박완서에게 화집을 보여주면서 일제 강점기 때 그림전에서 입선한 그림들을 모은 작품집이라고 설명했다. 그리고 그 중에서 두 명의 시골 여자가 절구질을 하고 있는 그림을 손으로 가리키더니 자신이 그린 것이라고 했다. 박완서는 자신이 무시하고 구박하던 간판쟁이들 중에 진짜 화가가 한 명 섞여있었다는 사실에 놀라서 부끄러움을 느꼈다.

박씨가 왜 박완서에게 화집을 보여줬는지 그 이유는 확실하지 않다. 박완서의 구박을 덜 받기 위해서였을 수도 있고, 젊은 처녀가 막돼먹게 행동하는 모습이 안타까워서였을 수도 있다. 아니면 전쟁 통에 자신의 의지와 상관없이 엉뚱한 일로 생계를 이어가는 것이 스스로 실망감을 가질 만큼 부끄러운 일이 아니라는 사실을 일깨워 주려고 그랬을 수도 있다. 그도 아니면 그냥 심심하고 외로워서 심정을 표현했을 지도 모른다.

아무튼 박씨가 진짜 화가라는 사실을 알고부터 박완서의 PX 생활은 한결 나아졌다. 가끔씩 서로의 가족 이야기도 하고, 퇴근길에 차를 마시면서 전쟁 상황에 대한 걱정도 나누다보니 큰 위안이 되었던 것이다. 박완서와 동병상련을 통한 연민의 정을 나누었던 사람이 바로 한국을 대표하는 서양화가로 유명한 박수근 화백(서양화가, 대표작 빨래터)이다.

4.

박완서는 박수근의 예술가로서의 삶을 지켜보면서 만감이 교차했다. 살아있을 때는 한 점에 4달러 밖에 하지 않는 초상화를 그렸는데, 죽고 나서는 한 점이 4만 달러의 가치로 평가되었다. 생전의 가난에 찌든 생활고와 사후의 그림 값에 따른 예술적 평가를 바라보면서 슬픈 예술가의 운명이 느껴졌던 것이다. 박완서는 박수근의 삶을 생생하게 증언하기 위해 전기를 쓰려고 마음먹고, 〈신동아〉지의 논픽션 부문에 응모하려고 했다. 하지만 자신의 장기와는 달리 거짓말을 배제해야 하는 전기 쓰기는 무척이나 어려운 일이었다.

결국 얼마 지나지 않아 쾌감도, 고통도, 신명도 느낄 수 없는 전기 쓰기를 그만 두었다. 그리고 거짓말(고상한 말로는 상상력이라고 함)을 잘 하는 장점을 살려서 픽션을 쓰기로 했다. 그렇게 세상에 나오게 된 것이 바로 박완서의 처녀작인 '나목'이다. 박완서는 '나목'으로 〈여성동아〉 장편소설 부분에 당선되어 소설가로 등단할 수 있었다. 박완서는 '나목'에서 논픽션을 픽션으로 바꿈으로써 상상력을 발휘해서 새로운 인물을 창조하고, 시대 상황을 더욱 생생하게 재현하게 되었다.

"나는 전쟁의 상처로 작가가 됐다. 내 작품들은 어제 일처럼 생생한 한국 전쟁의 체험을 바탕으로 한다. 내 상처에서 아직도 피가 흐르고 있는 이상 그 피로 뭔가를 써야할 것 같다. 상처가 아물까 봐 일삼아 쥐어뜯어 가면서라도 뭔가를 쓸 수 있는 싱싱한 피를 흐르게 해야 할 것 같다. 왜냐하면 그건 내 개인적인 상처가 아니라 우리 모두의 무참히 토막난 상처이기 때문이다. 아물었으되 피 흘리고 있음을, 딱지 앉았으되 곪고 있음을, 잘 차려 입었으되 헐벗었음을, 춤추고 있으되 몸부림치고 있음을 보고 느끼고 말하는 것은 문학이 숙명처럼 걸머진 형벌이자 자존심이다. 소설을 통해 비통한 가족사를 폭로한 것 같은 부끄러움이 듦과 동시에 자부심도 있다. 소설은 이야기이므로 소설가로서 뛰어난 이야기꾼이고 싶다. 남이야 소설에도 효능이 있다는 걸 의심하건 비웃건 나는 나의 이야기에 다양한 효능의 꿈을 걸겠다."

Q1 박완서의 성격유형과 흥미유형, 적성유형은 분류표에서 어느 유형에 해당될까요?

Q2 박완서는 왜 '감각적인 이야기로 시대를 비춘 작가'로 불릴까요?

Q3 물건을 팔기위해 고객에게 거짓말을 하거나 현혹하는 것은 옳은가?

Q4 박완서가 우리에게 가르쳐준 사명(이 세상에 다녀간 삶의 이유)은 무엇이라고 생각하나요?

Q5 박완서는 젊었을 때 어떤 계기로 이와 같은 사명을 가지게 되었나요?

Q6 박완서는 사명을 믿음으로 바꾸는 과정에서 어떤 고난을 극복했나요?

Q7 박완서가 이런 삶을 완성하는데 가장 도움을 준 사람들은 누구라고 생각하나요?

Q8 박완서의 삶을 통해서 나의 진성을 설계하기 위해서 배워야 할 점은 무엇이라고 생각하나요?

소설가

소설가는 허구 또는 일상의 소재로 소설의 주제를 정하고, 그 주제를 효과적으로 나타낼 수 있는 소재들을 찾아 적절하게 구성하여 예술적으로 표현한다. 소설에 필요한 소재를 찾기 위해 다양한 경험이 필요하므로 여행을 하거나 사람을 만나 그의 삶에 대해 취재를 하기도 하고, 다양한 사람들과 접촉하여 정보를 수집하며 그 정보들을 토대로 창작 활동을 한다. 소설을 쓸 때는 줄거리나 등장인물을 구상하여 결정하고, 등장인물의 성격이나, 핵심 줄거리의 전개, 소설 속 인물들의 심리묘사, 소설에 등장하는 사회적 배경 등을 세밀히 조사하고 구상하여 작품을 쓴다. 대개 다양한 소재와 시대적 배경을 활용해 글을 쓰는 작가가 많지만 자신이 전문성을 가지고 있는 특정 분야에 대해 전문적인 글을 쓰는 작가들도 있다. 작가가 되기 위해서는 인간과 사물에 대한 섬세한 관찰력, 호기심, 민감성, 표현력, 언어감각, 문장력, 창의력 등이 요구된다.

체육인 :

희망을 안고 달린 마라톤 영웅
손기정

1912년 평안북도 신의주에서 태어남.
1932년 양정 고등 보통학교에 입학
1933년 제3회 동아마라톤 우승
1936년 제11회 베를린 올림픽 마라톤 우승(2시간 29분 19초)
1937년 일본 메이지 대학에 입학
1940년 육상 선수 출신 강복신과 결혼
1945년 조선 체육회에 참여
1947년 제51회 보스턴 마라톤 대회에 한국 감독으로 참가, 서윤복 우승
1948년 대한체육회 부회장 맡음.
1950년 제54회 보스턴 마라톤 대회 한국 감독, 함기용 우승
1954년 스위스 국제 육상 경기 연맹 총회에 참가
1963년 대한육상연맹 회장 맡음, 문화 공로상을 받음.
1968년 국제 육상 경기 연맹 공로상 수상
1972년 뮌헨 올림픽 조직 위원회로부터 특별 초청을 받음.
1988년 서울 올림픽 개회식에서 마지막 성화 주자를 맡음.
1996년 베를린 올림픽 60주년 기념행사에 참가
2000년 삼성전자 육상팀, 국민체육진흥공단 마라톤팀 고문을 맡음.
2002년 노환으로 세상을 떠남, 체육훈장 청룡장 추서

체육인 :

희망을 안고 달린
마라톤 영웅

손 기 정

물음표(?)를 느낌표(!)로 만든 손기정의 진로 로드맵
자기이해 | 청소년기 ▶ 진로탐색 | 청년기 ▶ 진로선택 | 성년기 ▶ 진로발전 | 장년기

　손기정(孫基禎, 1912/8/29~2002/11/15)은 일제 강점기 때 조선의 육상 선수이자, 대한민국의 체육인으로서 1936년 베를린 하계 올림픽에서 우승했고, 사인할 때 '손기정(KOREA)'이라고 쓰면서 한국인임을 밝히는 등 우리나라의 존재를 세계에 알리는 노력을 계속해서 '희망을 안고 달린 마라톤 영웅'으로 불린다. 1912년 평안북도 신의주에서 태어났고, 1932년 (21세) 양정 고등 보통학교에 입학했다. 1936년(25세) 제11회 베를린 올림픽 대회 마라톤 종목에서 2시간 29분 19초의 세계신기록으로 우승해서 한국인 최초의 올림픽 금메달 주인공이 됐다. 1937년 일본 메이지 대학에

입학했고, 1940년 육상 선수 출신 강복신과 결혼했다. 1945년 조선 체육회에 참여했고, 1947년 보스턴 마라톤 대회에 한국 감독으로 참가했으며, 1954년 스위스 국제 육상 경기 연맹 총회에 참가했다. 1963년 문화 공로상을 받았고, 1968년 국제 육상 경기 연맹 공로상을 수상했다. 1972년 뮌헨 올림픽 조직 위원회로부터 특별 초청을 받았고, 1988년 서울 올림픽 개회식에서 마지막 성화 주자를 맡았으며, 1996년 베를린 올림픽 60주년 기념행사에 참가했다. 2002년 향년 91세에 세상을 떠났고, 국립대전현충원에 안장되었으며, 사후 체육훈장 청룡장이 추서되었다.

/ 손기정의 진성 스토리 /

1.

손기정은 신의주에서 가난한 집안의 4남매 중 막내아들로 태어났다. 부모님은 구멍가게를 하고 있었지만 장사가 잘 안 되어서 어머니가 물건을 이고 다니면서 팔아야 했다. 신의주는 겨울에 기온이 영하 20도로 내려가는 추운 지방이라 아이들은 공을 차고 스케이트를 타면서 놀았다. 손기정은 집에서 2km 정도 떨어진 와카다케 보통학교에 다녔는데, 틈만 나면 달릴 정도로 뛰는 걸 좋아했다. 옷이 한 벌 밖에 없어서 빨래를 하고나면 마를 때까지 기다려야 했는데, 너무 달리고 싶은 마음에 그 시간도 참기가 어려울 정도였다.

손기정의 어머니는 달리기만 좋아하고 학업은 뒷전인 손기정이 못마땅

했다. 공부를 잘 해야 가난에서 벗어날 수 있다고 믿었기 때문이다. 그래서 공부를 안 할 거면 학교를 그만두라고 니무랐지만 손기정은 열심히 공부하겠다는 대답만 할 뿐 여전히 달리기에 열중했다. 어머니는 아들의 달리기를 그만두게 하려고 여자 고무신을 신겼다. 고무신이 자꾸 벗겨지자 손기정은 고무신을 새끼줄로 묶어서 신었는데, 새끼줄에 발등이 쓸려서 피가 났지만 달리기를 멈추지 않았다.

신의주의 부잣집 아이들은 등하굣길에 자전거를 타고 다녔다. 친구들이 옆을 지나갈 때 처음에는 그게 부럽고 화가 나기도 했지만 곧바로 생각을 고쳐먹었다.
'자전거를 타면 달리기 연습을 할 수 없어. 자전거가 없는 게 나한테는 다행스러운 일이야.'
손기정은 자전거를 자신의 경쟁상대로 정하고, 자전거를 앞지르겠다는 목표를 세웠다.

2.

어느 날 학교에서 운동회가 열렸다. 어머니는 사람들 틈에서 손기정이 달리는 모습을 지켜봤다. 손기정은 어머니를 모른 채 하고 열심히 달렸고, 1등을 차지했다. 그날 저녁에 어머니가 손기정을 불러 앉혔다. 그리고 아무런 말없이 다비(일본 버선)를 건넸다. 비싼 운동화를 사줄 수 없어서 값이 싼 다비를 사준 것이었다. 어머니는 눈물을 글썽이면서 이렇게 말했다.
"기정아, 니가 좋아하는 달리기를 마음껏 해라. 그리고 이왕 할 거면 어떤 어려움에도 그만두어서는 안 된다."

달리기를 반대하던 어머니가 격려를 하자 손기정도 눈물을 흘렸다. 그리고 속으로 이렇게 다짐했다.

'아무리 힘들더라도 끝까지 해내서 육상 선수로 꼭 성공하고 말거야!'

손기정은 다비를 신고 달린 첫 번째 달리기 대회에서 열다섯 살의 나이로 우승해서 사람들을 놀라게 만들었다.

손기정은 가난해서 보통학교를 졸업한 뒤 상급학교에 진학하지 못했다. 그래서 신의주의 인쇄소에서 일하기도 했고, 일본에서 옷가게 점원, 식당 종업원으로 일도 했다. 신의주로 돌아온 손기정은 곡식을 파는 회사에 취직해서 생활이 안정되었고, 다시 달리기를 시작했다. 새벽 6시에 일어나 출근하는 아침 8시까지 2시간 동안 손기정은 압록강변과 마을동산을 열심히 달렸다. 회사 사장도 잘 달리려면 잘 먹어야 한다면서 손기정의 식사를 신경써 주었다.

1930년 가을에 신의주에서 구역 대항 달리기 대회가 열렸는데, 다양한 직업의 어른들을 제치고 손기정이 우승을 했다. 1931년 11월 손기정은 경성에서 열린 달리기 대회에 평안북도 대표로 나가서 2위를 차지했다. 1932년 3월 단축 마라톤 대회에서도 2위를 차지하면서 조금씩 이름을 알리기 시작했다. 1932년 4월에는 육상부로 유명한 양정 고등 보통학교에 입학했고, 얼마 후 열린 게이힌 역전 경기에서 6명의 동료들과 함께 달려서 대회 신기록을 2분 38초나 앞당기면서 우승했다.

_____ 3.

양정 고등 보통학교를 다니면서 손기정은 더욱 열심히 달리기 훈련을 했다. 새벽에 일어나 삼청동에서 북악산 꼭대기까지 왕복 달리기로 하루를 시작했다. 가파른 산길을 뛰어서 오르는 동안에는 심폐 기능과 근지구력이 향상되었고, 다시 달려서 내려오는 동안에는 팔다리의 움직임과 호흡을 맞추는 리듬감을 익힐 수 있었다. 이 훈련 방법은 손기정이 마라톤 선수로 성장하는데 큰 도움이 되었다.

손기정은 더 빨리 달리는 방법을 찾기 위해 무척이나 열심이었다. 다리 힘을 기르기 위해 독립군들처럼 바지에 모래주머니를 달고 뛰기도 했고, 신발을 조금이나마 가볍게 만들려고 칼로 바닥을 깎기도 했으며, 땀에 젖은 속옷과 운동복의 무게를 줄이려고 가위로 구멍을 내기도 했고, 달릴 때의 보폭을 관찰하려고 신발 바닥에 산화칼슘을 칠하고 트랙을 돌기도 했다. 손기정은 달리기를 위해서라면 어떤 노력이든 할 자세였다.

손기정은 겨울에 영하 15도가 넘는 강추위에도 달리기를 멈추지 않았다. 손기정은 매일 아침 학교에서 한강까지 왕복 11km를 달렸다. 그리고 목욕값을 아끼기 위해 교실 난로에 대야로 물을 데워서 땀에 젖은 몸을 씻었다. 손기정의 이런 모습을 보고 친구들은 사람이 아니라고 놀라워 했다.

한창 식욕이 왕성한 시기인데다 장거리 달리기를 매일 하다 보니 손기정은 늘 배가 고팠다. 수업료 면제 혜택만 받고 있던 손기정은 하숙비와 생활비, 간식비 등 용돈은 스스로 마련해야 해서 늘 경제적으로 궁핍했다. 그래서 배가 고파도 먹을 것을 사 먹을 돈이 없었다. 하지만 선생님과 친구들, 선배들이 십시일반으로 도와줘서 끼니는 거르지 않고 먹을 수 있었다.

4.

1936년 8월 9일 오후 3시, 손기정은 베를린 올림픽 주경기장에서 마라톤 경기 출발을 기다리고 있었다. 전 세계에서 참여한 56명의 선수들 틈에서 손기정과 남승룡도 일장기를 가슴에 달고 출발선에 섰다. 드디어 출발 총소리가 울리고 선수들은 트랙을 돌아 도로로 나갔다. 손기정은 무더운 날씨를 감안해 초반부터 무리하지 말고 페이스를 서서히 끌어 올리는 작전을 짰다.

손기정은 4km 지점까지 하위 그룹에 속해 있었고, 6km 지점에 이르러서 4위로 올라섰다. 중반부까지 계속 4위를 유지하던 손기정은 21km 반환점을 돌자마자 2위로 치고 올라왔다. 손기정은 29km 지점에서 전 대회 우승자인 자바라를 제치고 선두로 나섰다. 주경기장으로 제일 먼저 들어서자 10만 명이 넘는 관중이 기립박수로 손기정을 반겼다. 손기정은 2시간 29분 19초의 세계 신기록으로 우승했다. 근대 올림픽 탄생 40년 만에 2시간 30분의 벽을 깨는 역사적인 순간이었다.

손기정은 민족정신이 강한 선수였다. 마라톤 우승 후에 팬들이 사인을 해달라고 하면 한글로 '손기정'이라고 쓰고, 옆에 'KOREA'라고 적었다. 어떤 일본 사람이 후지산을 그려 달라고 부탁하자, 우리나라의 금강산을 그려주기도 했다. 각종 행사장의 방명록에도 한글 이름만 썼다. 그러자 한국으로 귀국할 때는 사상범을 다루는 고등계 형사가 손기정 옆에 붙어서 감시했다. 그 사이 한국에서는 '동아일보'가 손기정의 올림픽 금메달 소식을 전하면서 가슴의 일장기를 지운 사건이 터졌다. 손기정은 '일장기 말소 사건'으로 일약 민족 운동의 상징이 되었다.

손기정은 일제 식민지 시대에 인간의 육체적 한계를 겨루는 마라톤 경기에서 우승함으로써 우리 민족의 우월성을 전 세계에 알렸고, 핍박받는 민족에게 자신감과 자긍심을 심어주었다. 그리고 스포츠를 통한 선의의 경쟁으로 일제에 꾸준히 저항했다. 손기정은 한국 마라톤의 큰 별이자 위대한 영웅으로 영원히 남을 것이다.

Q1 손기정의 성격유형과 흥미유형, 적성유형은 분류표에서 어느 유형에 해당될까요?

Q2 손기정은 왜 '희망을 안고 달린 마라톤 영웅'으로 불릴까요?

Q3 부모님이 반대하는 일을 계속 하는 것은 옳은가?

Q4 손기정이 우리에게 가르쳐준 사명(이 세상에 다녀간 삶의 이유)은 무엇이라고 생각하나요?

Q5 손기정은 젊었을 때 어떤 계기로 이와 같은 사명을 가지게 되었나요?

Q6 손기정은 사명을 믿음으로 바꾸는 과정에서 어떤 고난을 극복했나요?

Q7 손기정이 이런 삶을 완성하는데 가장 도움을 준 사람들은 누구라고 생각하나요?

Q8 손기정의 삶을 통해서 나의 진성을 설계하기 위해서 배워야 할 점은 무엇이라고 생각하나요?

운동선수

운동선수는 축구, 야구, 골프, 테니스, 농구 등 각종 운동경기에서 선수로 활약하는 사람이다. 운동선수는 본업으로 하는 직업 운동선수(프로선수)와 취미로 하는 아마추어 운동선수로 나뉜다. 운동선수는 해당 종목에서 좋은 성적을 내기 위해 기초 체력훈련과 기술훈련, 부상예방훈련 등을 하고, 경기에서 승리하기 위한 전략과 운동 기술을 개발하며, 자기 자신과 팀은 물론 경쟁 상대의 장단점을 분석하고 작전을 세운 후에 각종 경기에 참여한다. 그리고 대회에 나가 감독이나 코치의 지도에 따르며, 심판의 지시와 경기 규칙을 지키면서 시합을 한다. 운동선수는 무엇보다 강인한 체력이 필요하기 때문에 지속적인 훈련을 통해 자신을 단련시켜야 하고, 시합 중에 평정심을 유지하기 위한 정신력과 상황 판단력도 중요하며, 단체로 팀 플레이를 할 때는 협동심과 배려심, 갈등 관리 능력 등 원만한 대인관계 능력도 중요하다.

곤충학자 :

일평생 나비 밖에 몰랐던 한국의 파브르 '나비박사'
석주명

1908년 평안남도 평양에서 태어남.
1914년 서당에 들어감.
1917년 보통학교에 입학
1921년 숭실고등보통학교에 입학
1922년 개성의 송도고등보통학교로 전학
1926년 일본 가고시마 고등농림학교 농학과에 들어감.
1929년 가고시마 고등농림학교 졸업
1932년 송도고등보통학교 생물 교사로 일함. '조선 구장 지방산 나비류 목록' 논문 발표
1936년 〈배추흰나비의 변이연구〉 논문 발표
1938년 일본 도쿄 대학 학술 대회에서 논문 발표
1940년 〈조선산 나비 총목록〉 영어판을 출간
1942년 교사직을 그만두고, 경성에서 '세계의 나비 전시회'를 개최
1943년 경성대학 부속 생약연구소 제주도시험장 소장을 지냄.
1945년 수원농사시험장 병리곤충부 부장을 지냄.
1946년 국립과학박물관 동물학부 부장을 지냄.
1947년 248종의 조선의 나비 이름을 정리
1950년 한국전쟁으로 파괴된 국립과학박물관에 가다가 총탄에 맞아 세상을 떠남.

곤충학자 :

**일평생 나비 밖에 몰랐던
한국의 파브르 '나비박사'**

석 주 명

물음표(?)를 느낌표(!)로 만든 석주명의 진로 로드맵

자기이해 | 청소년기 ▶ 진로탐색 | 청년기 ▶ 진로선택 | 성년기 ▶ 진로발전 | 장년기

    석주명(石宙明, 1908/10/17~1950/10/6)은 대한민국의 나비 연구가이자 생물학자, 곤충학자, 동물학자, 언어학자, 박물학자, 제주도연구가로서 일제강점기에 한국산 나비류 연구에 평생을 바쳐서 '한국의 파브르', '나비박사'로 불린다. 1908년 평안남도 평양에서 태어났고, 1914년 서당에 들어갔으며, 1917년 보통학교에 들어갔다. 1921년 숭실고등보통학교에 입학했고, 1922년 개성의 송도고등보통학교로 전학갔다. 1926년(19세) 일본 최고의 농업 전문 학교인 가고시마 고등농림학교 농학과에 들어갔고, 1929년 졸업했다. 1932년 송도고등보통학교 생물 교사로 일하면서 첫 번

째 논문 '조선 구장 지방산 나비류 목록'을 발표했고, 1938년 일본 도쿄 대학 학술 대회에서 논문을 발표했다. 1940년 〈조선산 나비 총목록〉 영어판을 출간했고, 1942년 경성에서 '세계의 나비 전시회'를 개최했으며, 1947년 248종의 조선의 나비 이름을 정리했다. 1950년 한국 전쟁 중에 서울의 국립서울과학관에 있던 75만 마리의 나비 표본이 모두 불 타는 아픔을 맛봤고, 같은 해 총탄에 맞아 세상을 떠났다.

/ **석주명의 진성 스토리** /

1.

석주명은 1908년 11월 우리나라가 일본의 식민지가 되기 전이라 세상이 무척 어지러울 때 태어났다. 아버지는 평양에서 종업원이 100명에 달하는 큰 음식점을 경영하고 있는 사업가였고, 독립운동 자금을 지원할 정도로 민족의식이 뚜렷한 분이었다. 어머니는 당시에는 구하기 힘들었던 타자기를 아이들을 위해 구해줄 정도로 교육열이 대단한 분이었다. 이런 가정환경 덕분에 석주명은 우리 민족에 대한 애정과 학문연구에 대한 관심을 갖게 되었다.

석주명은 어릴 때부터 토끼와 비둘기 같은 동물을 너무 좋아해서 집에서 기르는 게 취미였다. 고등학교에 진학해서는 집을 떠나서 공부했는데, 생활비는 풍족하고 감독하는 사람은 없어서 한 동안 음악에 정신이 팔려 공부를 게을리 하기도 했다. 한눈을 파는 사이 낙제 과목이 나올 정도로 성적이 떨어지자 정신을 차리고 다시 열심히 공부했다. 석주명은 송도고등보통학교를 졸업하고 일본으로 유학을 갔는데, 거기서 일본 곤충학회 회장을 지낸 오카지마 선생님과의 인연으로 곤충연구에 관심을 갖게 되었다.

2.

어느 날 석주명과 학생들은 오카지마 교수와 타이완으로 곤충 채집 여행을 떠났다. 그런데 여행 중에 갑자기 장대비가 쏟아져서 학생들은 밖에 나가지 못하고 방 안에서 시간을 보내고 있었다. 오카지마 교수는 밖에 나가서 곤충을 채집해 오는 사람에게 상을 주겠다고 말했다. 학생들은 방을 나서면서 비가 억수같이 오는 날에는 곤충이 보이지 않는데도 잡아오라고 시킨다면서 투덜댔다.

학생들은 빗속에 곤충이 있을 리 없다는 생각으로 숙소 주변을 어슬렁거리기만 했다. 한참 뒤에 학생들은 모두 빈손으로 돌아왔다. 하지만 석주명은 곤충 채집용 삼각지 100여 장을 배낭에서 꺼냈다. 거기에는 하루살이가 한 마리씩 소중하게 싸여 있었다. 다른 학생들이 대충 둘러보는 동안에 석주명은 빗줄기가 닿지 않는 건물 옆이나 나무 아래를 꼼꼼하게 살펴서 하루살이들을 잡은 것이었다. 오카지마 선생님은 석주명을 크게 칭찬하면서 이렇게 말했다.

"어떤 일이든 끈기와 성실함이 중요해. 곤충 채집도 마찬가지야. 주명이는 앞으로 훌륭한 곤충학자가 될 거라 믿어."

오카지마 선생님은 석주명의 성실한 태도에 감명을 받아 궁금해 하는 것들을 성심성의껏 알려주었다. 그리고 학문은 대학교수처럼 특별한 위치에 있는 사람만 할 수 있는 것이 아니라 의지만 있다면 누구나 할 수 있는 일이라면서 격려했다. 석주명은 오카지마 선생님에게 학자의 자세뿐만 아니라 인생의 지혜도 배울 수 있었다. 석주명은 3년 동안의 일본 유학을 마치고 자신의 지식을 조국을 위해 쓰겠다는 꿈을 안고 귀국했다.

3.

모교인 송도고등보통학교 생물 교사로 일하게 된 석주명은 곤충 중에서 화려한 색과 무늬를 가진 나비를 연구하기로 마음먹었다. 석주명은 파브르 같은 세계적인 곤충학자가 되겠다는 꿈을 갖고 있어서 학생들에게도 파브르에 대한 얘기를 자주 했다.

"프랑스의 곤충학자 파브르는 중학교 생물 교사였단다. 집이 가난해서 대학을 다니지 못했지만 혼자 독학해서 박사 학위까지 받았지. 그리고 딱정벌레나 벌, 개미 같은 곤충들을 연구해서 〈곤충기〉라는 책을 썼단다. 이 책으로 프랑스 황제가 주는 상을 받게 되었는데, 상을 받으러 가면 학생들을 가르칠 사람이 없다면서 시상식에 가지 않았단다. 파브르는 명예보다는 아이들 가르치는 일을 더 소중하게 생각하는 사람이었단다."

석주명은 파브르에 대한 얘기를 할 때마다 자신과 비슷한 처지에 공감이 되어 흥분했다. 시골의 교사였지만 곤충 연구에 10년을 매달려서 세계 최고의 곤충학자가 된 파브르가 존경스러웠다. 특히 명예를 뒤로하고 자신의 일에만 최선을 다한 그가 너무나 멋져 보였다. 석주명은 파브르처럼 나비 연구에 사력을 다하기로 결심했다.

석주명에게 성공이란 큰돈을 벌거나 유명해지는 것이 아니었다. 남들이 알아주지 않더라도 어떤 분야에 대해 보람과 자부심을 갖고 일할 수 있으며, 누구보다 자신 있게 그 분야에 대해 말할 수 있다면 그게 바로 성공이었다. 석주명은 딱 10년만 미쳐보기로 작정했고, 10년 뒤에 정말로 한국 최고의 나비 학자가 되었다.

4.

석주명은 방학을 맞아 지리산으로 나비 채집을 떠났다. 산길을 걷다가 이상한 나비 한 마리가 눈에 띄었다. 흑갈색 날개에 흰 무늬를 가진 작은 나비였다. 석주명은 이 나비가 우리나라에서 아직 발견된 적이 없는 종이라는 것을 단번에 알아챘다. 잠자리채를 들고 조심스럽게 다가가자 나비는 사뿐히 날아올라 도망치기 시작했다. 나비는 날다가 잠깐 쉬고, 다시 날다가 잠깐 쉬기를 반복했다.

석주명은 나비를 쫓느라 3시간이 넘게 산속을 헤맸다. 여러 번이나 넘어져서 옷은 헤지고 팔꿈치와 무릎은 까져서 피가 흐르고 있었으며, 몸에 멍도 군데군데 보였다. 하지만 끝까지 포기하지 않고 나비를 쫓아서 마침내 잡을 수 있었다. 나비를 손에 넣은 석주명은 너무 기뻐서 그 자리에 벌렁 드러누워서 한참이나 가쁜 숨을 몰아쉬었다. 석주명은 이 나비에게 '지리산팔랑나비'라는 이름을 붙여 주었다.

 석주명은 지리산팔랑나비에 관한 논문을 학계에 발표했고, 얼마 뒤에 일본의 곤충학자들이 학교를 방문했다. 중국으로 업무차 가는 길에 석주명이 채집한 나비 표본들을 보려고 일부러 들른 것이었다. 학생들은 방학 때마다 석주명이 나비 2백 마리씩을 채집해오라는 숙제를 내줘서 힘들었는데, 어렵게 모은 나비에 유명한 학자들이 관심을 갖게 되자 왠지 모를 뿌듯함을 느꼈다. 초등학생들의 방학숙제 단골 메뉴인 '곤충채집'은 석주명이 원조였다.

 석주명의 연구가 진행되면서 잘못된 나비의 학명이 하나씩 수정되었고, 조선의 나비 분류학이 점차 체계를 갖추게 되었다. 석주명 덕분에 자신의 이름을 남기려는 욕심으로 섣부르게 연구되던 분위기도 바뀌게 되었다. 1938년 영국 왕립 아시아 학회의 요청으로 〈조선산 나비 총목록〉을 출간하면서 석주명은 한국을 넘어 세계에 이름을 알리게 되었다.

 1942년 석주명은 연구 시간을 더 확보하고, 좀 더 깊이 있는 학문 연구에 매진하기 위해 11년의 교직생활을 그만두었다. 학생들에게 생물을 가르치고, 나비를 채집하러 다니는 것도 무척 행복한 일이었지만 큰 뜻을 이루기 위해 어려운 결정을 내렸다.

 석주명은 학교를 떠나면서 그 동안 모은 60만 마리의 나비 표본을 모두 불태우기로 했다. 누군가 제대로 관리하지 않으면 표본에 해충이 살게 되어 다른 동물 표본에 피해를 줄 수 있다는 우려 때문이었다. 석주명과 몇 명의 제자들은 연구 때문에 희생된 나비의 넋을 기리는 위령제를 지냈다. 석주명이 나비를 잡아서 자연 생태계에 문제가 된 것은 아니었지만 하나의 생명체로 존중하고, 학문 연구에 이바지한 것에 대한 고마움의 표시였다. 석주명은 진심어린 마음으로 나비들에게 머리를 숙였다.

5.

해방을 맞아 일제 식민지에서 벗어나자 학계에는 새로운 바람이 불었고, 석주명도 할 일이 더 많아졌다. 석주명은 인류 평화와 애국 운동을 위해 에스페란토(Esperanto, 글로벌 의사소통을 위해 세계에서 가장 많이 쓰이는 인공어) 보급에 힘썼다. 그리고 생물 이름을 우리말로 바꾸는 일에 몰두해서 갓시멧노랑나비, 청띠신선나비, 유리창떠들썩팔랑나비, 은점어리표범나비, 알락그늘나비, 번개오색나비 등 한글의 아름다움이 물씬 풍기는 나비 이름을 많이 만들었다.

석주명은 나비 연구에서는 세계적으로 성공한 학자였지만 결혼 생활에서는 실패한 남편이었다. 석주명은 고집이 세면서 학문 연구 밖에는 모르는 사람이었고, 아내는 자기주장이 강하고 활달한 성격이었다. 석주명은 삶의 모든 부분을 연구에 바칠 정도로 나비에 미친 사람이었다. 석주명은 이동하는 시간을 아끼기 위해 학교 측에 요청해서 학급을 박물관으로 옮겼고, 집에서는 서재와 안방을 연결하는 벨을 달아서 볼 일이 있을 때만 벨을

눌렀으며, 집에 방문한 손님도 10분 이상을 만나지 않았다.

월급을 타면 생활비만 아내에게 조금 떼어주고, 나머지는 연구를 위한 경비로 지출하면서 가족에 대한 걱정도 거의 하지 않았다. 신혼 초부터 잦은 부부싸움을 하던 끝에 결국 4년 만에 이혼하게 되었다. 이미 세계적인 학자로 유명했기 때문에 신문에서는 '꽃 모르는 나비학자'란 제목으로 그의 사생활과 이혼 과정을 자세히 보도하기도 했다.

오직 나비만 생각하던 석주명은 한국 전쟁 중에도 피난을 가지 않고 박물관의 나비 표본을 지켰다. 그리고 어디를 가든 자신의 생명보다 아꼈던 지도 500장을 배낭에 넣어 메고 다녔다. 1950년 9월 폭격으로 국립과학관이 불타면서 그가 20년간 수집한 나비 표본들이 모두 불타서 재로 변했다. 그리고 열흘 뒤, 국립과학관의 재건을 위한 회의에 참석하기 위해 길을 가던 중에 인민군으로 오인한 군인의 총격을 받고 숨을 거두었다. 총구를 겨누며 위협하는 군인들에게 그는 이렇게 외쳤다.
"나는 나비밖에 모르는 사람이야!"

석주명은 성실함과 부지런함으로 평생 나비 연구에 헌신해서 누구도 따라오지 못할 정도의 뛰어난 업적을 남긴 학자였다. 일제 강점기에 석주명은 정확한 연구로 일본 학자들이 한국의 나비에 관해 잘못 알고 있는 내용을 바로잡음으로써 우리 민족의 자긍심을 한층 높였다. 그리고 해방 후에도 학문 연구로 세계에 우리나라를 알린 자랑스러운 한국인이었다.

Q1 석주명의 성격유형과 흥미유형, 적성유형은 분류표에서 어느 유형에 해당될까요?

Q2 석주명은 왜 '한국의 파브르'이자 '나비박사'로 불릴까요?

Q3 자신의 일에 미쳐서 가족을 제대로 돌보지 않는 것은 옳은가?

Q4 석주명이 우리에게 가르쳐준 사명(이 세상에 다녀간 삶의 이유)은 무엇이라고 생각하나요?

Q5 석주명은 젊었을 때 어떤 계기로 이와 같은 사명을 가지게 되었나요?

Q6 석주명은 사명을 믿음으로 바꾸는 과정에서 어떤 고난을 극복했나요?

Q7 석주명이 이런 삶을 완성하는데 가장 도움을 준 사람들은 누구라고 생각하나요?

Q8 석주명의 삶을 통해서 나의 진성을 설계하기 위해서 배워야 할 점은 무엇이라고 생각하나요?

곤충학자

곤충학자는 우리 주변에 살고 있는 곤충들이 어떻게 태어나고, 살아가는지 생활모습이나 습성을 연구하고 관찰하는 일을 한다. 곤충학자는 곤충이 알에서 깨어나 먹이를 먹고, 고치가 되었다가 우화하는 곤충의 모든 성장과정을 관찰하면서 그 특징을 연구한다. 곤충학자가 되려면 곤충에 대해 관심이 있어야 하고, 오랜 시간동안 연구를 해야 하므로 끈기도 필요하며, 곤충의 한 살이를 관찰하기 위해 어떤 곳이라도 찾아 갈 수 있는 모험심도 있어야 한다. 학자로서 자연현상이나 자연 자체에 관심을 갖고 꾸준히 공부하면서 탐구하고 관찰하는 습관을 갖춰야 하며, 곤충에 관한 새로운 이론을 찾아내기 위한 학문적 호기심을 계속 유지하는 것이 중요하다.

종교인 :

하나님의 사랑을 온 몸으로 실천한 천주교의 큰 별 '바보'
김수환

1922년 경북 군위에서 태어남.
1933년 대구 성유스티노 신학교 예비과에 입학
1935년 서울동성상업학교에 입학
1941년 일본 조치 대학에 입학
1944년 제2차 세계대전이 일어나 학병으로 입대
1947년 성신대학(가톨릭대학교 신학대학)에 편입
1951년 사제 서품을 받고 안동성당(목성동성당) 신부가 됨.
1953년 대구대교구 교구장 비서 역임
1956년 독일 뮌스터 대학에 입학
1960년 초대 마산 교구장에 임명
1968년 제12대 서울 대교구장에 임명
1969년 교황 바오로 6세에 의해 한국 최초의 추기경이 됨.
1970년~1975년 한국 천주교 주교회의 의장 역임
1981년~1987년 한국 천주교 주교회의 의장 재임
1986년 동아일보 주최 '올해의 인물'로 선정
1998년 서울대교구장 및 평양교구장 서리 퇴임
1999년 동북아시아 평화 회의에 참석
2000년 제13회 심산상과 제2회 인제인성대상 수상
2001년 독일 대십자공로훈장 수상
2002년 칠레 베르나르도오히긴스 대십자훈장 수상
2009년 노환으로 선종

종교인 :

하나님의 사랑을 온 몸으로 실천한
천주교의 큰 별 '바보'

김 수 환

물음표(?)를 느낌표(!)로 만든 김수환의 진로 로드맵
자기이해 | 청소년기 ▶ 진로탐색 | 청년기 ▶ 진로선택 | 성년기 ▶ 진로발전 | 장년기

　김수환(金壽煥, 1922/7/2~2009/2/16)은 대한민국의 천주교 성직자이자 사회운동가로서 한국인 최초로 로마 가톨릭교회의 추기경에 서임되었고, 군사 정권에서는 독재정권 퇴진 운동을 했으며, 문민 정부에서는 사회운동을 해서 '천주교의 큰 별'로 불린다. 하지만 스스로를 '바보'라 불러달라고 말한 용기있고 겸손한 리더였다. 1922년 경북 군위에서 태어났고, 1933년(12세) 대구 성 유스티노 신학교 예비과에 입학했으며, 1935년 서울 동성 상업 학교에 입학했다. 1941년 일본 조치 대학에 입학했고, 1944년 학병에 입대했으며, 1947년(26세) 성신 대학(가톨릭 대학교 신학 대학)에 편

입했다. 1951년 사제 서품을 받고 신부가 되었고, 1956년 독일 뮌스터 대학에 입학했다. 1960년 초대 마산 교구장에 임명되었고, 1968년 서울 대교구장에 임명되었으며, 1969년 한국 최초의 추기경이 되었다. 1981년 한국 천주교 주교회의 의장이 되었고, 1986년 동아일보 주최 '올해의 인물'로 선정되었으며, 1999년 한반도 평화를 위한 동북아시아 평화 회의에 참석했다. 국민훈장 무궁화장(1970년), 제13회 심산상과 제2회 인제인성대상(2000년), 독일 대십자공로훈장(2001년), 칠레 베르나르도오히긴스 대십자훈장(2002년) 등을 받았다. 2009년 2월 16일 호흡 곤란과 혈압 저하 등 노환으로 87세에 선종했다.

/ **김수환의 진성 스토리** /

1.

김수환은 독실한 천주교 집안의 5남 3녀 중 막내로 태어났다. 김수환의 할아버지 김보현은 천주교 신자였는데, 1868년 '무진박해' 때 순교했다. '무진박해'로 아버지를 여의고 유복자로 태어난 김수환의 아버지 김영석은 박해를 피해서 살던 고향을 떠나 옹기장수로 전국을 떠돌았다. 그러다 경북 군위에 정착했고, 거기서 김수환의 어머니 서중하를 만나 결혼했다. 서중하는 가난하고 힘든 삶을 살았지만 자식들 앞에서 한 번도 약한 모습을 보여주지 않았다. 김수환의 부모는 여덟 명의 자녀 모두가 가톨릭 성직자가 되기를 바랐지만 넷째 김동한과 막내 김수환 2명만 꿈을 이루었다.

부모님의 기대와는 달리 김수환의 어릴 때 꿈은 상인이 되는 것이었다. 보통학교를 졸업하고, 읍내 상점에 취직해서 장사를 배운 후에 25살쯤 결혼할 계획이었다. 김수환이 부모님과 갈등을 겪은 이유는 자신이 신부가 될 재목이 아니라는 고민이 있었기 때문이었다. 그런데 이런 갈등과 고민으로 힘들어 하다가 진짜 병에 걸려서 한 학기 동안 공부를 쉬게 되었다. 김수환은 쉬는 동안에 도서관에서 많은 책을 보게 되었는데, 전에는 별 느낌이 없었던 위인전과 성인전에서 큰 감동을 받게 되었다. 특히 성녀 소화 테레사의 전기에 나오는 '하느님은 조그만 일을 통해서도 사랑을 보여주시고, 세상 모든 것은 하느님의 사랑에서 나오는 것이다'라는 말에서 뜨거운 눈물을 흘렸다. 김수환은 신앙에 새롭게 눈을 뜨게 되었고, 어머니의 소원 때문에 신학교에 들어왔다며 방황하던 것을 그만두고 성직자의 길을 자발적으로 걷기 시작했다.

2.

1941년 20세의 김수환은 대구교구의 장학생으로 일본 조치 대학교에서 유학하면서 신학을 공부했다. 1944년 졸업을 얼마 남겨두지 않은 시기에 강제로 학도병에 징집되었다. 사관후보생으로 훈련을 받고난 후 소위로 임관 직전에 훈련에 대한 고충과 조선인에 대한 차별을 주장해서 후보생 자격이 박탈되고 사병으로 신분이 낮아졌다. 1945년 제2차 세계 대전이 끝나고 조치 대학교에 복학했지만 곧바로 자퇴한 후에 귀국해서 성신대학교에 입학하여 1950년 졸업했다. 그리고 1951년 9월에 대구의 계산성당에서 사제서품을 받았다.

김수환은 안동성당에서 첫 사목생활을 했고, 대구교구장 비서, 대구교구 재경부장, 김천 성당 주임, 성의여고 교장 등을 역임했다. 김수환은 1956년 독일로 유학을 가서 뮌스터대 대학원에서 공부했는데, 독일에 파견된 한국 노동자들을 돌보느라 학업을 소홀히 하다가 결국 졸업하지 못했다. 1961년 5·16 군사 정변 소식을 접하고 군인 정권에 반대했으며, 1964년 귀국해서 가톨릭시보사의 사장에 취임했다. 김수환은 신문을 발행하고 강연을 하면서 독재정권 퇴진 운동과 사회 운동을 했다.

3.

1971년 박정희 대통령은 헌법을 고쳐서 세 번째로 대통령에 취임했고 1972년 10월 유신을 선포하면서 철권통치를 시작했다. 김수환은 국민들이 독재 정권에 억눌려서 아무 말도 못하고 있을 때 용기를 내어 나섰다. 성탄절 미사 생방송 도중에 '대통령은 이미 막강한 권력을 갖고 있는데, 이렇게까지 강력한 권한이 또 필요한 이유가 무엇이냐?'며 물어서 방송이 중단되었고, 민청학련 사건으로 구속된 지학순 주교를 대통령과의 면담으로 석방시켰으며, 인혁당 사건 관련자에 대한 탄원서에도 서명했다. 박정희 대통령은 김수환의 유신 비판 강연과 시국 연설을 기분 나빠하면서도 직접 방송을 시청하거나 녹화해서라도 꼭 봤다고 한다.

김수환은 기회가 있을 때마다 국민을 대변해서 박정희 대통령에게 쓴소리를 했다. 무리한 장기 집권, 언론 탄압, 기업의 노동자 착취, 정치범의 사형 집행, 남북 간의 불통 등에 대해 집중적으로 비판했다. 그러자 정부의 탄압을 받거나 부당한 일을 당한 노동자들이 명동 성당으로 들어와 김수환을 찾았다. 김수환은 다른 주교, 신부, 수녀들과 함께 힘을 합쳐서 억압받는 사람들을 도왔다. 김수환은 자연스레 거대 권력과 맞서 싸우는 힘겨운 투쟁에 앞장서게 된 것이다.

이런 과정에서 어려움도 많았다. 정부 편에 선 사람들은 추기경이 정치에 관여해서는 안 된다며 공격했고, 천주교 내부에서도 곱지 않은 시선으로 보는 사람들이 있었으며, 정부에 반대한다는 이유로 교회 전체가 정부의 탄압을 받기도 했다. 특히 김수환은 요주의 인물로 지목되어 정부 당국에 의해 숱한 도청과 미행, 모략에 시달렸다. 이때의 정신적 고통 때문에 김수환은 평생 불면증에 시달렸다. 하지만 김수환은 세상에 고통이 없는 사람은 없다고 하면서 고통이 사람을 성숙하게 만들고, 시련이 인생의 깊이를 만들며, 고통 때문에 다른 사람의 불행에 대한 이해심을 키울 수 있고, 시련 때문에 하느님의 존재를 믿게 된다며 이를 담담하게 받아들였다.

1979년 박정희 대통령이 서거하면서 독재 정권은 끝이 났다. 김수환은 강연 중에 국민이 주인공인 나라, 억압과 폭력, 공포가 없는 나라가 하느님이 원하는 나라라는 것을 강조하면서 바람직한 방향을 제시했다. 박정희 대통령의 영결식에 참석한 김수환은 대통령이 아니라 한 인간으로서 주님 앞에 선 박정희를 불쌍히 여겨달라며 기도했다. 살아있을 때는 박정희 대통령의 정책에 그렇게 반대를 했지만 죽고 나자 인간 박정희를 애도하면서 안타까워했다.

4.

 김수환은 서른 살에 신부가 된 후 마흔 다섯 살에 주교가 되었고, 마흔여덟 살에 한국 최초이자 세계 최연소 추기경이 되었다. 김수환은 독재 정치에서 고통과 억압을 받고 있던 국민들에게 부모와 같은 존재였다. 진실한 용기로 권력자들에게 맞서 힘없는 사람들의 보호막이 되어 주었던 것이다. 김수환이 역사의 고비마다 등장했던 이유는 다음과 같은 종교적인 신념 때문이었다.

 "인간은 하느님의 모습을 따라 창조된 소중한 존재이기 때문에 인간의 존엄성이 세상에서 가장 중요합니다. 힘없는 자들의 슬픔과 고통은 그리스도 신자들의 슬픔과 고통입니다. 교회는 속세와 거리를 두어야 한다고 말하지만 세상의 어려움을 외면하는 것은 불의에 굴복하는 일입니다. 결국 불의에 항거하는 것이 교회의 사명이자 그리스도의 길을 따르는 것입니다. 교회는 공동 선을 추구하면서 세상을 위해 존재해야 하고, 세상과 함께 함으로써 소금과도 같은 역할을 해야 합니다."

 1998년 김수환은 일흔일곱의 나이로 서울 대교구장직에서 물러난 후 10년 정도 '혜화동 할아버지'로 불리며 아름다운 황혼을 보냈다. 2007년 모교인 동성 고등학교 개교 100주년 기념식에 참석한 김수환은 파스텔로 직접 그린 자화상을 선보였다. 그림에는 '바보야'라는 말이 새겨져 있었다. 김수환은 백발의 노인이 되고서야 자신이 사랑을 베푼 것이 아니라 많은 이들의 사랑을 받았다는 사실을 깨닫고, 이런 간단한 진실 하나도 모르고 살았던 자신을 바보라고 표현했던 것이다.

　김수환은 2008년부터 노환이 악화되어 입원과 퇴원을 반복하다가 2009년 2월 하늘나라로 갔다. 김수환은 자신이 평생 많은 사랑을 받았다면서 서로 사랑하고 용서하라는 말을 남겼다. 김수환이 선종 한 후에 5일 동안 40만 명의 조문객이 몰린 이유는 그가 한국 사회에서 존경받는 큰 어른이었기 때문이다. 김수환의 뒤를 이어 추기경을 맡은 정진석은 장례 미사에서 김수환 추기경을 촛불과 같은 존재라고 말했다. 촛불은 약한 것 같지만 어떤 어둠도 밝히는 힘이 있다. 김수환은 온 몸을 태워 세상을 밝혔던 큰 촛불이었다.

Q1 김수환의 성격유형과 흥미유형, 적성유형은 분류표에서 어느 유형에 해당될까요?

Q2 김수환은 왜 '천주교의 큰 별'이자 '바보'로 불릴까요?

Q3 부당한 일을 당했거나 죄를 지은 사람들을 감싸거나 보호하는 것은 옳은가?

Q4 김수환이 우리에게 가르쳐준 사명(이 세상에 다녀간 삶의 이유)은 무엇이라고 생각하나요?

Q5 김수환은 젊었을 때 어떤 계기로 이와 같은 사명을 가지게 되었나요?

Q6 김수환은 사명을 믿음으로 바꾸는 과정에서 어떤 고난을 극복했나요?

> **Q7** 김수환이 이런 삶을 완성하는데 가장 도움을 준 사람들은 누구라고 생각하나요?
>
> **Q8** 김수환의 삶을 통해서 나의 진성을 설계하기 위해서 배워야 할 점은 무엇이라고 생각하나요?

종교인

종교인은 '신부, 목사, 승려' 등 성직자를 말한다. 성직자는 신자들에게 정신적, 도덕적 지도를 하고, 해당 종교 교리의 해설 및 설교를 하며, 종교의식을 거행하거나 종교행사의 재연을 관장한다. 신자들의 고충을 들어주고 안식을 주기 위해 상담자로서의 역할도 수행하고, 신도들을 위해 기도를 하거나 신도의 가정을 방문하여 신앙심을 고취시키기도 한다. 종교인은 병자를 위로하고, 가난한 이들을 도와주며, 정신적인 결핍을 갖고 있는 사람이나 안식을 희망하는 사람들을 신앙의 힘으로 치유되도록 인도하는 등 사회 지도자로서의 역할도 한다. 성직자는 종교 교리를 해석하고 전달하기 위해 종교가 갖고 있는 기능이나 교리에 담겨져 있는 철학 등에 대한 깊이 있는 지식이 필요하고, 언어능력과 상담능력도 있어야 한다. 다른 종교를 존중하는 태도와 남을 위해 희생하고 봉사할 수 있는 봉사정신도 필요하다. 특히 성직자가 되려면 높은 도덕성과 책임감이 있어야 한다.

음악가 :

현대음악의 거장으로 불리는
'상처입은 용'
윤이상

1917년 경남 산청에서 태어남.
1920년 경남 통영으로 이사
1924년 통영공립보통학교에 입학
1933년 서울에 있는 상업 학교에 입학
1935년 일본 오사카 음악대학에서 공부
1944년 독립운동을 하다가 체포되어 두 달 동안 감옥에 갇힘.
1948년 통영여고, 부산사범학교, 부산고 등에서 음악 교사로 일함.
1950년 부산사범학교 국어교사 이수자와 결혼
1953년 한국전쟁 이후 여러 대학에서 작곡을 가르침.
1955년 '현악 4중주 1번'과 '피아노 3중주' 곡으로 서울시 문화상 수상
1956년 프랑스로 유학을 떠나서 파리 국립고등음악원에서 공부
1959년 독일 다름슈타트에서 '일곱 악기를 위한 음악'을 발표
1967년 동베를린 간첩단 사건으로 구속됨.
1969년 대통령 특사로 석방되어 독일로 돌아감.
1971년 독일 국적을 취득
1972년 뮌헨 올림픽 개막을 축하하며 오페라 '심청'을 초연
1977년~1987년 베를린 예술대학의 정교수 역임
1981년 '광주여 영원히'를 발표
1990년 남북통일 음악제가 열리는데 기여
1994년 '화염 속의 천사'를 작곡
1995년 독일 바이마르에서 괴테상 수상. 베를린에서 세상을 떠남.

음악가 :

현대음악의 거장으로 불리는
'상처입은 용'

윤이상

물음표(?)를 느낌표(!)로 만든 윤이상의 진로 로드맵

자기이해 | 청소년기 ▶ 진로탐색 | 청년기 ▶ 진로선택 | 성년기 ▶ 진로발전 | 장년기

윤이상(尹伊桑, 1917/9/17~1995/11/3)은 독일에서 활동한 대한민국 출신의 바이올리니스트, 기타리스트, 첼리스트 겸 현대 음악 작곡가로서 동양 정신이 깃든 독특한 색채의 선율로 음악의 새 지평을 열어서 '현대 음악의 거장'으로 불린다. 1917년 경남 산청에서 태어났고, 1920년 경남 통영으로 이사했으며, 다섯 살 때부터 3년 동안 서당을 다녔다. 1924년 통영공립보통학교에 입학했고, 1930년 졸업했으며, 1933년 서울에 있는 상업 학교에 입학했다가 1935년(19세) 일본으로 유학가서 오사카 음악대학에서 공부했다. 1944년 독립운동을 하다가 체포되어 두 달 동

안 감옥에 갇혔고, 1948년 경상도 일대에서 음악 교사로 일했다. 1950년 이수자와 결혼했고, 1956년 프랑스로 유학을 떠났으며, 1959년 독일 다름슈타트에서 '일곱 악기를 위한 음악'을 발표했다. 1967년 동베를린 간첩단 사건으로 구속되었고, 1969년 석방되어 독일로 돌아갔으며, 1971년 독일 국적을 얻었다. 1972년 뮌헨 올림픽 개막 축하 무대로 오페라 '심청'을 초연했고, 1977년 베를린 예술 대학의 정교수가 되었으며, 1981년 '광주여 영원히!'를 발표했다. 1990년 남북통일 음악제가 열리는데 힘썼고, 1994년 '화염 속의 천사'를 작곡했으며, 1995년 독일 베를린에서 세상을 떠났다.

/ 윤이상의 진성 스토리 /

1.

윤이상은 경남 산청에서 2남 3녀 중 장남으로 태어났다. 아버지 윤기현은 선비였고, 어머니 김순달은 평범한 주부였다. 윤이상은 여덟 살 때부터 풍금 반주에 맞춰서 노래를 부르고, 악보를 금방 읽는 등 음악에 소질을 보였다. 열세 살 때는 바이올린과 기타를 배웠고, 직접 선율도 써봤다. 자신이 만든 선율이 동네 영화관에서 연주되는 것을 듣고는 작곡가가 되기로 결심했다.

윤이상은 아름다운 통영의 바다와 빛나는 밤하늘의 별을 보며 자랐다. 윤이상은 파도 소리를 자장가로 여기고 잠이 들곤 했다. 윤이상은 바다와 하늘을 보면서 끝없는 공상에 빠져들었다. 봄에는 어머니와 아낙네들이 밭일을 하면서 부르는 노래를 즐겨 들었다. 유랑 극단이 찾아와 공연을 할 때는 맨 앞줄에 앉아서 정신을 못 차리면서 봤다. 어느 날 윤이상은 어머니를 따라 친척집 제사에 참석했는데, 늦은 밤 산속에서 어떤 남자의 노래 소리가 들리는 것 같았다. 윤이상이 어머니에게 어떤 노래가 들리지 않느냐고 물었더니 어머니는 아무 소리도 안 들린다면서 이상한 듯 쳐다봤다. 그 노래는 윤이상의 영혼 깊은 곳에서 울렸던 환상의 음악 소리였던 것이다. 이런 동양적인 환상의 소리가 나중에 윤이상의 음악 세계를 풍성하게 만들었다.

2.

윤이상은 1935년 일본 오사카 음악대학에서 음악을 공부할 때 강제 징용된 조선인들의 처참한 실상을 보고 사회정치적인 의식을 갖게 되었다. 1937년 통영으로 돌아와 화양초등학교에서 교사로 일하면서 첫 번째 동요집 〈목동의 노래〉를 냈다. 1941년 일본이 제2차 세계 대전에 참전하자 독립운동을 했고, 1944년 체포되어 두 달 간 옥살이를 했다. 윤이상의 혐의는 사상이 불순하다는 것이었다. 그 당시에 일본은 우리말을 쓰지 못하게 했고, 한국어를 쓰는 것을 보면 신고하도록 했다. 우리말과 우리 음악을 사랑하는 민족정신이 투철했던 윤이상은 우리 시에 곡을 붙여서 노래를 만들곤 했는데, 일본 경찰이 윤이상의 집을 뒤져서 한국어 악보를 찾아냈던 것이다. 다행히 윤이상은 지인의 도움으로 석방될 수 있었다.

윤이상은 석방 후에도 항일 운동을 도모하다가 일본 경찰을 피해 서울로 올라왔다. 광복 후에는 고향으로 돌아가 통영 출신의 예술인들과 함께 통영문화협회를 만들었고, 전쟁 고아들을 돌보는 부산시립고아원의 소장을 맡기도 했다. 1948년 통영여자고등학교에서 음악교사로 일하면서 가곡집 〈달무리〉를 출간했다. 1950년 동료 국어교사인 이수자와 결혼했고, 한국 전쟁 중에는 부산의 전시작곡가협회에서 활동했다. 1953년 휴전 후에는 서울대학교 예술학부와 덕성여대 등에서 음악이론과 작곡을 가르치면서 활발하게 작품을 발표했다. 1956년 20세기의 작곡기법과 음악이론을 공부하기 위해 유럽으로 유학을 떠났다.

3.

1956년 프랑스 파리에 머물던 윤이상은 1957년 독일 베를린으로 가서 음악 활동을 지속했다. 1959년 동아시아 음악에 서양 음악을 접목시킨 〈피아노를 위한 다섯 작품〉과 〈일곱 개의 악기를 위한 음악〉을 초연하면서 음악계의 주목을 끌기 시작했다. 1964년 초연한 불교 주제의 〈오 연꽃 속의 진주여〉와 1966년 초연한 〈예약〉은 윤이상을 국제적으로 유명하게 만들었다.

윤이상은 1963년 친구 최상학을 만나기 위해 북한을 방문했고, 예술적인 영감을 얻기 위해서도 몇 번 방북했다. 그런데 반공을 중시했던 박정희 정권은 윤이상의 친북행적을 포착하고 조사에 들어가서 1967년 윤이상과 이수자를 체포해서 서울로 송환했다. 다른 유럽의 유학생들도 간첩으로 몰려서 사형을 선고받고 서울구치소에 수감되었다(동백림 사건). 200명이 넘는 유럽 음악인들은 대한민국 정부에 공동 탄원서를 내서 윤이상의 수감에 항의했고, 1969년 대통령 특사로 석방되었다. 윤이상은 1971년 독일에 귀화했고, 이후 하노버 음악대학과 베를린 예술대학에서 교수로 재직했다.

윤이상이 베를린 예술대학 교수로 있을 때 한 학생이 음악을 배우고 싶다며 찾아왔다. 윤이상은 그 학생에게 정직한지, 솔직한지, 나쁜 버릇이 없는지 물었다. 학생이 세 가지 모두 그렇다고 하자 제자로 받아들였다. 윤이상은 학생들과 상담할 때 사람의 됨됨이를 가장 중요하게 여겼다. 윤이상은 곡을 언제까지 만들어 주겠다는 약속 날짜를 한 번도 어기지 않을 만큼 성실했고, 기자나 팬이 선물을 주면 너무 기뻐하면서 진심으로 고마워했다. 윤이상은 배려심과 자상함, 따뜻한 마음씨를 가진 사람이었다.

4.

어느 날 한 기자가 윤이상에게 후회하지 않는 삶은 어떤 건지 물었다. 윤이상은 기자를 바라보면서 이렇게 말했다.

"첫째, 사람은 옳은 것을 옳게 보고, 그른 것은 그르게 볼 수 있는 의식이 있어야 합니다. 하지만 자기에게 유리하다고 해서 무조건 옳은 것으로 착각해서는 안 됩니다. 또한 자기에게 불리하다고 해서 옳은 것을 그르다고 해서도 안 됩니다. 둘째, 의식을 가진 사람은 사회를 위해 무언가를 해야 합니다. 그런데 자신의 모습이 초라하고 보잘 것 없으면 아무리 맞는 말을 해도 다른 사람들이 귀를 기울이지 않지요. 따라서 운동으로 뛰어난 성적을 내든지, 학문으로 석학이 되든지, 음악으로 존경받는 작곡가가 되든지 남들이 자기의 말을 들을 수 있게 만들어야 합니다. 셋째, 그렇게 되기 위해서 가족을 너무 고생시켜서는 안 됩니다. 자신은 좋아서 선택한 길이지만 가족들은 스스로 선택한 길이 아닐 수도 있기 때문입니다."

윤이상의 어머니는 윤이상을 가졌을 때 용꿈을 꾸었다고 했는데, 이상하게도 그 용은 상처를 입어 날지 못했다. 세월이 흘러 사람들은 윤이상을 가리켜 '상처 입은 용'이라고 말했다. 세계적으로 존경받는 작곡가 윤이상을 조국은 받아주지 않았기 때문이다. 윤이상은 불행을 딛고 위대한 예술 세계를 만들어 나갔다. 예술가가 정치인보다 더 높은 경지에 있다고 생각한 윤이상은 '예술가는 정치를 할 수 있어도 정치가는 예술을 할 수 없다'는 말을 했다.

윤이상은 1995년 11월 독일 베를린 발트병원에서 폐렴으로 별세했다. 윤이상은 예술가로서 평소 갖고 있던 신념대로 살았다. 정치적인 이유로 한국이 아닌 독일에서 눈을 감았지만 윤이상의 정신과 발자취는 한국에 고스란히 남아 있다. 윤이상의 삶과 예술, 정신은 세월이 흐를수록 더욱 빛날 것이다. 왜냐하면 윤이상이 자신이나 가족만을 위해서 산 게 아니라 고통받는 사람들을 위해서 살았기 때문이다.

"예술은 진실한 양심에서 우러나와야 합니다. 그래야 모방할 수 없는 창조적인 작품이 나올 수 있습니다. 예술은 역사의 발전과 밀접한 관련이 있으므로 시대정신을 꿰뚫고 있어야 합니다. 어떤 예술가 앞에 불의와 거짓이 놓여있다면 그것부터 극복해야 합니다. 그런 과정에서 예술이 창조되는 것입니다. 예술가가 되려면 민족적 정의와 진실의 편에 서는 정신 자세가 무엇보다 중요합니다."

Q1 윤이상의 성격유형과 흥미유형, 적성유형은 분류표에서 어느 유형에 해당될까요?

Q2 윤이상은 왜 '현대음악의 거장'으로 불릴까요?

Q3 사회 운동을 하기 위해서는 한 분야에서 성공해야 한다는 생각은 옳은가?

Q4 윤이상이 우리에게 가르쳐준 사명(이 세상에 다녀간 삶의 이유)은 무엇이라고 생각하나요?

Q5 윤이상은 젊었을 때 어떤 계기로 이와 같은 사명을 가지게 되었나요?

Q6 윤이상은 사명을 믿음으로 바꾸는 과정에서 어떤 고난을 극복했나요?

Q7 윤이상이 이런 삶을 완성하는데 가장 도움을 준 사람들은 누구라고 생각하나요?

Q8 윤이상의 삶을 통해서 나의 진성을 설계하기 위해서 배워야 할 점은 무엇이라고 생각하나요?

음악가

음악가에는 작곡가, 연주가, 지휘자, 가수 등이 있다. 그 중에서 작곡가는 관현악, 기악, 성악, 대중가요, 영화음악, 광고음악, 애니메이션음악 및 기타 배경음악 등 음악을 만드는 사람을 말한다. 작곡가는 작사 내용에 따라 음악의 장르를 결정하고 화음, 리듬, 멜로디, 음악이론 등을 기초로 작가의 생각과 감정을 악보로 표현한다. 작곡한 음악을 피아노, 바이올린, 플룻 등의 악기로 관현악단에서 연주할 수 있게 편곡하기도 하고, 음을 합성하거나 관현악단의 연주효과를 얻기 위해 컴퓨터를 이용해 편집하기도 한다. 가곡, 동요, 영화음악, 교향곡, 가요 등 특정 장르의 음악을 전문적으로 작곡하기도 하고, 과거에 만들어진 대가의 작품을 자신의 창작력으로 재창조(리메이크) 하기도 한다. 작곡가는 음악적 재능, 창의성, 멜로디와 리듬을 잘 파악하고 만드는 능력이 있어야 하고, 화성의 흐름과 진행, 악기마다의 고유 음색 등을 파악하고 그것을 기반으로 표현할 수 있는 능력도 필요하다. 또한 끈기와 인내심으로 끊임없는 연습과 노력을 하는 것도 중요하다.

건축가 :

건축계의 대들보라 불리는
'한국의 로렌초'
김수근

1931년 함경북도 청진시 신암동에서 태어남.
1938년 청진보통학교에 입학
1944년 경기중학교에 입학
1950년 서울대학교 공과대학 건축학과에 입학
1951년 일본으로 유학을 떠남.
1958년 도쿄 예술대학 건축학과를 졸업
1960년 국회의사당 건축 설계 경기에서 1등에 당선
1961년 김수근 건축 연구소 개소, 워커힐 힐탑 바 설계
1965년 정동빌딩 설계
1966년 월간 종합 예술지 〈공간〉을 창간
1970년 '엑스포 1970' 한국관을 설계
1984년 국립 과학관을 설계
1986년 서울 잠실 올림픽 주 경기장을 설계
1986년 간암으로 타계

건축가 :

건축계의 대들보라 불리는
'한국의 로렌초'

김 수 근

물음표(?)를 느낌표(!)로 만든 김수근의 진로 로드맵

자기이해 | 청소년기 ▶ 진로탐색 | 청년기 ▶ 진로선택 | 성년기 ▶ 진로발전 | 장년기

　　김수근(金壽根, 1931/2/20~1986/6/14)은 대한민국의 건축가이자, 교육자, 잡지 발행인, 예술가들의 후원자로서 전통미와 현대감각의 조화를 이루고 인간을 위한 공간 확보에 주력하는 건축물을 많이 설계해서 '건축계의 대들보'로 불린다. 다방면에 걸친 한국문화에 대한 지원으로 미국의 타임지는 르네상스 시대의 예술 후원가인 로렌초 데 메디치에 비유해서 김수근을 '한국의 로렌초'로 부르기도 했다. 1931년 함경북도 청진시 신암동에서 태어났고, 1938년 청진보통학교에 입학했으며, 1944년 경기중학교에 입학했다. 1950년(20세) 서울대학교 공과대학 건축학과에 입학했고, 1951

년 일본으로 유학을 떠났으며, 1958년 도쿄 예술대학 건축학과를 졸업했다. 1960년 국회의사당 건축 설계 경기에서 1등에 당선되었고, 1961년 김수근 건축 연구소를 열었으며, 워커힐 힐탑 바(1961년)과 정동빌딩(1965년)을 설계하면서 건축가로서 입지를 다졌다. 1966년 월간 종합 예술지 〈공간〉을 창간했고, 1970년 '엑스포 1970' 한국관을 설계했다. 1984년 국립 과학관을 설계했고, 1986년 86 아시아경기대회와 88 서울 올림픽에 즈음해서 서울 잠실 올림픽 주 경기장을 설계했다. 홍익대학교 교수와 국민대학교 조형대학장, 한국건축가협회 회장, 문화재위원회 위원을 역임했다. 1986년 6월 서울대학교 병원에서 간암으로 타계했다.

/ 김수근의 진성 스토리 /

1.

김수근은 1931년 함경북도 청진에서 태어났다. 어머니는 좀 더 좋은 교육을 시키고 싶어서 김수근이 여덟 살 때 서울의 북촌으로 이사했다. 북촌은 지금도 한옥이 많이 남아있는 곳인데, 김수근은 여기에서 어린 시절을 보낸 덕분에 건축가로 활동하는데 큰 영향을 받았다.

어느 날, 중학생이던 김수근은 학교에서 집으로 돌아가는 길에 미군 장교를 만났다. 영어도 배우고 미국 문화도 접할 생각에 김수근은 미군 장교에게 자신을 소개하면서 말을 걸었다. 미군 장교도 인사를 하면서 군에 들어오기 전에 건축가로 일했다고 말했다. 김수근은 건축가가 어떤 일을 하는 사람인지 물었다. 미군 장교는 건축가가 기술자도 예술가도 아니라면서 세상에서 가장 중요한 사람이자 미국 대통령보다 높은 사람이라고 말했다. 이 말에 김수근은 건축가에 대해 관심이 커졌고, 건축가가 되려면 어떻게 해야 하냐고 다시 물었다.

미군 장교는 사람들이 살아가는데 꼭 필요한 세 가지가 '의식주'인데, 건축가는 멋진 집에서 살 수 있게 노력하는 사람들이라고 말했다. 그리고 건축을 하려면 인간을 사랑하는 순수한 마음과 사람을 편안하게 살 수 있도록 만드는 기술적인 지식이 필요하다고 강조했다. 김수근은 왜 건축가가 미국 대통령보다 높은지 또 물었다. 미군 장교는 건축가는 사람들을 사랑하는 마음을 가져야 하기 때문에 미국 대통령보다 높은 사람이라고 표현했다면서 나중에 건축가가 되면 그 말을 이해하게 될 거라고 말했다. 김수근은 눈을 반짝이면서 훌륭한 건축가가 되기 위한 노하우를 알려달라고 졸랐다. 미군 장교는 품고 있던 사진첩을 보여주면서 훌륭한 건축가가 되려면 이곳저곳 여행을 많이 다니면서 다양한 문물을 많이 접해야 하고, 음악과 책, 그림과 친해야 한다고 말했다.

미군 장교와 헤어져 집으로 돌아오는 길에 김수근의 머릿속은 '건축가'에 대한 생각으로 가득찼다. 건축가가 뭔지 정확히는 알 수 없었지만 건축가가 되고 싶다는 마음이 꿈틀거렸던 것이다. 김수근은 건축가가 되기 위한 일들을 하나씩 실천했다. 우선 부모님께 부탁해서 사진기를 사서 주말에 여러 절을 찾아다니며 사진을 찍었고, 학교 미술반에 들어가 그림을 그렸으며, 학교 합창단에서 노래도 불렀다. 미래의 건축가가 되기 위한 준비를 착실히 했던 것이다.

2.

새로운 건축을 공부하기 위해 일본으로 건너간 김수근은 거기에서 건축가의 꿈을 더 크게 키웠다. 김수근은 마음이 넓으면서도 굳건해서 일본 친구들도 그를 좋아했다. 김수근은 초라한 하숙방에서 궁핍한 생활을 하면서 건물 설계 아르바이트로 생활비를 벌었다. 어렵고 힘든 생활이었지만 건축가의 꿈을 이루기 위한 김수근의 의지는 확고했다. 김수근은 지칠 때마다 이런 각오를 하면서 마음을 다졌다.

'언젠가 한국으로 돌아가서 우리 건축을 세계에 알리고 말겠어. 우리 민족의 전통적 아름다움을 유지하면서 사람들이 편하게 살 수 있는 건축물을 만들거야.'

김수근의 일본 유학 생활도 어느덧 많이 익숙해졌고, 건축 관련 일도 하면서 생활도 안정되었다. 김수근은 1958년 도쿄 예술 대학교를 졸업하고 도쿄 대학 대학원에 입학했고, 얼마 후 같은 학교에 다녔던 일본인 미치코와 결혼을 했다.

유학을 마치고 한국으로 돌아온 김수근은 1961년 서울 종로에 건축 연구소를 열었다. 연구소에서는 집과 사무실, 학교, 상가, 아파트, 공공건물 등을 어떻게 지어야 할지 생각하고, 이를 종이에 그림으로 옮기는 건축 설계를 주로 했다. 연구소에는 패기있고 자신감이 넘치는 젊은 건축가들이 모여들었고, 이 사람들이 힘을 합쳐 새로운 건축을 선보이기 시작했다.

3.

연구소의 초창기에 김수근은 백제의 수도였던 부여에 들어서게 될 박물관 설계를 맡게 되었다. 그런데 설계도가 완성되자 사람들은 지붕과 정문의 모양이 일본의 옛 건물과 비슷하다고 비판했다. 그 당시는 일본에 대한 반감이 강했던 때라 비판은 더욱 거세졌다. 김수근은 설계 의도는 물어보지 않고 단지 겉모양만 일본식이라고 비판하는 것이 억울했다. 그래서 동아일보에 이 설계는 백제의 양식도 일본의 양식도 아닌 현대 건축을 전공한 자신만의 양식이라는 입장을 밝혔다.

이 일을 겪으며 김수근은 외국의 건축 양식을 도입하는 것도 필요하지만 우리나라의 건축 양식을 더욱 철저히 알아야 한다는 것을 절실히 느꼈다. 그래서 한국의 전통 건축 양식을 살펴보기 위한 건축물 답사 여행에 주력했다. 김수근은 주말이나 자유 시간을 활용해 전국 방방곡곡의 마을을 돌면서 집과 절을 관찰했다. 이 과정에서 우리의 건축물에는 조상들의 문화와 전통, 지혜가 담겨있다는 것을 깨달았다. 김수근은 이렇게 다짐했다.

'그래, 한국에서 태어났으니 우리 건축에 뭔가 기여를 해야겠어. 그러려면 우리만이 갖고 있는 역사와 전통, 문화를 찾는 것이 중요해. 이런 것들이 담긴 건축물이야 말로 세계적인 것이 될 수 있을 거야. 앞으로 내가 설계하는 건축에는 한국적인 것을 많이 담을 거야.'

김수근은 이때부터 잠시라도 시간이 나면 우리의 옛 건축과 전통 문화에 대한 자료를 열심히 모으고 답사도 부지런히 다니면서 우리 것을 공부하기 위한 노력을 게을리 하지 않았다. 이런 노력 덕분에 우리나라 사람뿐만 아니라 외국인들도 김수근이 설계한 건축물을 보고 한국의 옛날 집과 비슷한 느낌이 난다고 말했다.

4.

김수근은 1971년 세계 건축가 미국 협회에서 주는 범태평양 건축상을 받게 되었다. 이 상은 건축가라면 누구나 받고 싶어하는 건축 분야의 노벨상 같은 것이었다. 김수근은 수상 소감으로 이렇게 말했다.

"제게 이런 명예로운 상을 주셔서 감사합니다. 건축에 대한 제 생각을 짧게 말씀드리려 합니다. 인간은 원시 시대에 가족의 안전을 위한 공간이 필요했습니다. 이를 '제1의 공간'이라고 하는데, 자연 속에 건축이 들어간 형태였지요. 오늘날 기계 시대를 사는 우리들은 편안함을 위해 기술이 반영된 공간이 필요합니다. 이를 '제2의 공간'이라고 하는데, 안락하기는 하지만 환경은 많이 오염되었지요. 미래에는 사람들이 진정으로 좋아하고, 자연속에서 편안함을 느낄 수 있는 공간이 필요합니다. 즉, '제3의 공간'이 있어야 합니다."

김수근은 미리 준비한 사진을 슬라이드로 보여주면서 설명을 이어나갔다. 화면에는 산이나 바다와 조화를 이루고 있는 한국의 아름다운 집과 궁궐, 절 등이 하나씩 담겨있었다.

"안동 하회마을 한옥의 마당은 모든 가족들이 도란도란 이야기를 나누고, 가을에는 다양한 곡식과 과일을 수확할 수 있는 아늑한 장소입니다. 한옥의 사랑채는 장식이 별로 없어 단순한 듯 보이지만 깨끗한 느낌을 주는 장점이 있습니다. 이런 공간의 느낌들이 반영된 건축이 바로 '제3의 공간'입니다."

김수근의 연설이 끝나자 주의 깊게 듣고 있던 수많은 건축가들이 큰 박수와 환호성을 보냈다. 그날 이후로 '제3의 공간'이라는 말은 널리 쓰이게 되었고, 김수근의 이름은 전 세계에 알려지게 되었다.

5.

1986년 6월 김수근은 오랜 투병 끝에 간암으로 세상을 떠났다. 통원 치료를 하면서 주변 사람들에게 병이 나아서 곧 돌아올 거라고 말했지만 끝내 다시 오지 못했다. 김수근은 죽기 전에 자신이 심혈을 기울여서 설계한 공릉 사옥의 완성을 보려고 했지만 결국 죽어서야 공릉 사옥의 양지 바른 곳에 묻혔다.

김수근은 30여 년 동안 건축가로 활동하면서 300 여개의 창조적인 건축물을 설계했다. 김수근은 자신이 설계한 모든 건축물에 한국의 독특한 멋을 담으려고 노력했다. 그래서 한국에서 가장 훌륭한 건축가로 인정을 받게 된 것이다. 김수근은 세상에 없지만 그가 설계한 건축물들은 세계 곳곳에 남아서 오랫동안 아름다운 자태를 뽐낼 것이다.

Q1 김수근의 성격유형과 흥미유형, 적성유형은 분류표에서 어느 유형에 해당될까요?

Q2 김수근은 왜 '건축계의 대들보'로 불릴까요?

Q3 사람들의 비판을 받을 때 언론을 통해 입장을 밝히는 것은 옳은가?

Q4 김수근이 우리에게 가르쳐준 사명(이 세상에 다녀간 삶의 이유)은 무엇이라고 생각하나요?

Q5 김수근은 젊었을 때 어떤 계기로 이와 같은 사명을 가지게 되었나요?

Q6 김수근은 사명을 믿음으로 바꾸는 과정에서 어떤 고난을 극복했나요?

Q7 김수근이 이런 삶을 완성하는데 가장 도움을 준 사람들은 누구라고 생각하나요?

Q8 김수근의 삶을 통해서 나의 진성을 설계하기 위해서 배워야 할 점은 무엇이라고 생각하나요?

건축가(건축공학기술자)

건축가(건축공학기술자)는 건축물을 공사할 때 전체적인 관리와 감독을 하고 구조 설계 및 기타 시공 등에 관련된 기술적 자문을 하는 사람이다. 건축공학기술자는 설계도면에 따라 공사가 진행되는지를 살피고, 공사 현장의 안전과 환경, 건축물의 품질관리, 공사를 위한 재료와 인력 등을 관리하고 책임지며, 공사 기간, 시공 방법, 건설 기능공 및 인부 등의 투입 규모, 건설기계 및 건설자재 투입량 등 세부공정을 수립하고 시행한다. 또한 건축물에 대한 구조설계, 건축 구조물에 대한 구조계산, 시공 등에 관한 일도 하며, 안전사고 예방, 건설 기능공과 인부들의 기술적인 문제도 해결해주고, 자재와 관련해 견적, 발주, 원가관리,

설계변경 등의 행정적인 업무도 한다. 건축공학기술자가 되려면 새로운 건축물을 구상하기 위한 창의력과, 합리적인 사고, 공간 지각력 등이 필요하다. 단순 노무자부터 고급 기술을 갖춘 사람들에 이르기까지 매우 다양한 사람들이 함께 일을 해야 하므로 원만한 대인관계 능력이 있어야 하고, 건설현장에서 일정 기간 동안 계속 근무해야하기 때문에 신체적 강인함도 요구된다.

화가 :

소처럼 우직하게 그림만 그렸던
한국 근대미술의 거장
이중섭

1916년 평안남도 평원군에서 태어남.
1923년 평양 종로 공립 보통학교에 입학
1929년 오산 고등보통학교에 입학
1936년 일본 도쿄 분카 학원 미술과에 입학
1938년 제2회 자유 미술가 협회전에서 협회상을 수상
1940년 미술창작가협회전 협회상 수상
1943년 미술창작가협회전 태양상을 수상
1945년 일본인 야마모토와 결혼
1946년 원산사범학교에서 미술교사로 일함.
1950년 한국전쟁으로 제주도 서귀포로 피난을 감.
1952년 가족들을 일본 도쿄로 보내고, 부산과 통영 등을 떠돌아다니는 생활을 함.
1953년 경남 통영에서 그림 그리기에 몰두함.
1954년 서울로 옮겨 그림 작업에 몰두함.
1955년 서울과 대구에서 개인전 개최
1956년 정신이상과 영양실조로 세상을 떠남.

화가 :

소처럼 우직하게 그림만 그렸던
한국 근대미술의 거장

이 중 섭

물음표(?)를 느낌표(!)로 만든 이중섭의 진로 로드맵

자기이해 | 청소년기 ▶ 진로탐색 | 청년기 ▶ 진로선택 | 성년기 ▶ 진로발전 | 장년기

이중섭(李仲燮, 1916/9/16~1956/9/6)은 대한민국의 서양화가로서 해방과 전후시대에 서양화법과 한국미술의 조화를 바탕으로 우리 민족의 아픔을 진솔하게 표현해서 한국 근대미술의 거장으로 불린다. 1916년 평안남도 평원군에서 태어났고, 1923년 평양 종로 공립 보통학교에 입학했으며, 1929년 오산학교에 입학했다. 1936년(21세) 일본 도쿄 분카 학원 미술과에 입학했고, 1938년 제2회 자유 미술가 협회전에서 협회상을 수상했으며, 1940년 미술창작가협회전 협회상, 1943년 미술창작가협회전 태양상을 수상했다. 1945년 일본인 야마모토와 결혼해서 2남을 두었고, 1946

년 원산사범학교에서 미술교사로 일했다. 1945년 해방 이후 북한 땅에 공산주의가 들어서자 자유로운 창작활동에 제한을 받았고, 1950년 한국전쟁이 일어나자 자유를 찾아 제주도 서귀포로 피난을 갔다. 1952년 가족들을 일본 도쿄로 보내고, 부산과 통영 등을 떠돌아다니는 생활을 했다. 1956년 정신이상과 영양실조로 세상을 떠났다. 대표작으로 〈흰소〉, 〈황소〉, 〈두 아이와 물고기와 게〉 등이 있다.

/ **이중섭의 진성 스토리** /

1.

이중섭은 1916년 평안남도 평원군에서 태어났다. 어린 시절 아버지가 돌아가신 후 외가였던 평양에서 성장했다. 이중섭의 외조부는 평양에서 손꼽히는 부자여서 경제적인 풍요로움 속에서 편안한 유년 시절을 보냈다. 이중섭은 1929년 당시 민족학교로 유명했던 오산학교에 입학하면서 미술 세계에 발을 내디뎠다.

이중섭은 오산학교의 미술교사였던 임용련에게 본격적으로 미술을 배우게 되었다. 임용련은 3.1 운동에 참여했다가 일본경찰에게 쫓겨 중국으로 피신했고, 다시 미국으로 건너가 예일대학 미술과를 수석으로 졸업한 재원이었다. 임용련은 프랑스 파리에서 여류 화가 백남순과 결혼 후 귀국해서 아내와 함께 오산학교에서 제자들을 키우는 일에 열정을 쏟았다.

오산학교에서 민족정기에 대한 교육을 받은 이중섭은 이 시기에 소에 관심을 갖게 되었다. 소는 농민의 친구이자, 우리 민족의 상징이었고, 이중섭의 자화상이기도 했다. 이중섭은 자신이 소를 보면서 느꼈던 감정이 조선의 정신, 우리의 정서라고 생각했다. 그래서 일제치하에서 고통 받는 우리 민족이 소처럼 우직하게 어려움을 이겨내기를 바라면서 소를 많이 그렸다. 소는 우리 민족의 희망의 상징이었고, 일제에 대한 분노와 저항의 표현이었다.

임용련에게 다양한 재료와 기법에 대해서 배우던 이중섭은 서양의 벽화를 그릴 때 많이 쓰는 '프레스코(석회를 벽에 먼저 바르고, 그것이 마르기 전에 물감을 칠해서 그리는 기법)'가 마음에 들었다. 이중섭은 프레스코 기법이 조선을 표현하는 그림에 잘 맞는다고 생각했다. 이중섭은 석회 대신 밀가루를 사용해서 독특한 표면 효과를 실험하기도 했고, 두꺼운 한지에 먹물을 칠한 후에 펜촉으로 긁어내서 특이한 색감과 질감을 나타내기도 했다. 이런 실험성이 강한 작품들이 하나둘 쌓이면서 이중섭만의 미술 세계가 만들어졌다.

2.

1935년 이중섭이 오산학교를 졸업할 무렵 진로에 대한 고민이 생겼다. 화가의 꿈이 있었지만 그 당시에는 화가를 천하게 여기는 분위기였고, 미술을 제대로 배울 수 있는 대학도 한국에 없었으며, 외국으로 유학갈 형편도 못 되었다. 고민을 하다 보니 나라를 빼앗긴 상황에서 그림을 그린다는 것이 무슨 의미가 있을까라는 회의마저 들었다. 이중섭은 임용련을 찾아가 상담을 했다. 임용련은 이중섭에게 이렇게 말하며 격려했다.

"나라를 빼앗긴 상황에서 의병이나 독립군이 되어 싸우지 않고 그림이나 그리는 것이 비겁하거나 하찮게 여겨질 수도 있단다. 하지만 중섭이는 미술에 천부적인 재능이 있으니 그림으로 싸우는 게 어떨까? 한 편의 시가 총칼보다 강력한 힘을 발휘할 때가 있듯이 한 폭의 그림이 큰 감동을 줄 수도 있어. 자유와 평화에 대한 열망을 그림에 담아봐."

이중섭은 임용련의 말을 귀담아 듣고 나서 입을 열었다.

"선생님, 이제야 제가 가야할 길을 제대로 찾은 것 같네요. 정말 감사합니다."

3.

이중섭은 20대의 대부분을 일본에서 유학생활을 하며 보냈다. 다양한 미술협회전에서 수상을 하면서 화가로서 활발한 활동을 이어갔다. 그러던 어느 날 오산학교 은사였던 박희병이 원산 사범학교 교장으로 부임하면서 이중섭에게 미술교사로 와 달라고 부탁하는 전갈을 보내왔다. 이중섭은 은사의 부탁이라 어쩔 수 없이 미술교사 생활을 시작했다. 하지만 정해진 시간에 출근해서 짜인 틀에 맞춰 학생들을 가르쳐야 하는 일이 너무 힘들었다. 자신은 자유를 추구하면서 학생들은 규칙을 지켜야 한다고 말하는 것이 스스로를 속이는 것 같았고, 개인 작업을 할 수 있는 시간도 거의 낼 수가 없어서 결국 학교를 그만두었다.

그런데 얼마 후에 다시 아이들을 가르치게 되었다. 동네 고아원의 아이들을 가르치기로 한 것이었다. 천진난만한 천재 화가를 바라보며 임신한 아내는 한숨을 내쉬었다. 이중섭은 그런 반응에는 아랑곳하지 않고 고아원 아이들을 정성껏 돌보면서 그 아이들을 소재로 많은 그림을 그렸다. 이중섭에게 생활은 곧 그림이었다. 만약 생활이 그림과 맞지 않을 때는 그림이 아니라 생활을 포기하고 그림을 선택했다. 이중섭은 생활하는 공간 주변에서 그림의 소재를 찾고, 그들과 소통하면서 깊이 관찰하고 나서야 그림을 그렸다.

해방을 맞은 후 이중섭에게 힘든 시련이 찾아왔다. 이중섭의 형이 북한에서 손꼽히는 부자였기 때문에 악질 친일파로 몰려서 처형당했고, 이 일로 충격을 받은 어머니가 쓰러져서 일어나지 못했으며, 팔삭둥이로 태어난 첫째 아들이 급성 전염병으로 죽고 말았다. 이중섭은 아이들을 그린 그림을 죽은 아들의 목에 걸어주면서 좋은 곳으로 가라고 기도했다.

4.

한국 전쟁이 일어나자 이중섭은 제주도로 피난을 갔다. 제주도 바닷가에서 아이들과 뛰어 놀며 마음껏 그림을 그렸던 8개월이 이중섭에게는 가장 행복한 시간이었다. 이후 제주도의 게와 물고기는 이중섭 작품의 중요한 소재가 되었다. 가족들의 주린 배를 채우기 위해 부산으로 주거를 옮긴 이중섭은 부두에서 막노동을 하기도 했지만 끼니조차 해결하기 어려웠다. 가족들의 허기짐은 갈수록 심해졌고, 아이들의 건강도 악화되었다. 이중섭의 아내는 더 이상 참지 못하고 아이들을 데리고 일본으로 가기로 결심했다. 이중섭은 마음이 아팠지만 어쩔 수 없이 가족들과 생이별을 해야만 했다.

부산에 홀로 남은 이중섭은 동료 화가 한묵의 집에 머물면서 틈나는 대로 그림을 그렸다. 판잣집 골방이나 다방 한구석, 길거리 등 어디든 상관없었고, 군용 천막과 장판, 합판, 담뱃갑 속 은박지, 송곳, 못 등 눈에 띄는 모든 것이 재료가 되었다. 이중섭은 가족들과 헤어진 고통과 외로움을 그림을 그리면서 달랬다. 은박지 그림 속에서 이중섭과 아내, 두 아들은 마냥 즐겁고 행복하기만 했다.

5.

지인들의 도움으로 일본에 가서 일주일의 짧은 시간 동안 가족들을 만나고 온 이중섭은 아쉬움을 뒤로 하고 다시 작품 활동에 매진했다. 1954년 경복궁 미술관에서 열린 '대한 미술 협회전'에 출품한 이중섭의 〈달과 까마귀〉는 모든 신문에 기사가 실릴 만큼 호평을 받았다. 1955년 미도파 백화점 화랑에서 열린 개인전도 대성황을 이뤄서 대부분의 작품이 팔렸다. 이중섭은 일본으로 가서 가족과 함께 생활하면서 작품활동에 매진할 수 있다는 기대에 부풀었다.

하지만 이중섭의 작은 꿈은 이루어지지 않았다. 전쟁 직후의 어려울 때라 작품을 가져간 사람들이 지불 날짜를 미루면서 그림 값을 주지 않았기 때문이다. 이중섭은 작품에 값을 매겨서 돈을 벌려는 자신의 모습에 부끄러움을 느끼고 결국 돈 받는 일도 포기했다. 개인전은 성공적이었지만 이중섭 개인은 마음에 큰 상처를 입었다.

1955년 5월 이중섭은 마지막 힘을 다해 대구에서 전시회를 열었다. 하지만 작품이 거의 팔리지 않아서 실패로 끝났다. 이중섭은 깊은 절망감에 빠져서 음식을 입에 대지 않았고, 건강은 급격히 나빠졌다. 이중섭이 아무것도 안 먹고, 아무 말도 하지 않자 친구들은 정신과에 입원시켰다. 그런데 의사는 내과부터 가보라고 했다. 간이 너무 나빠져서 회복할 수 없는 상태였다. 1956년 9월 병원에서 투병생활을 하던 이중섭은 마흔한 살의 나이에 임종을 지켜주는 사람도 없이 쓸쓸하게 세상을 떠났다.

이중섭은 짧은 생애 동안에 인간적인 에피소드와 개성이 강한 작품을 많이 남겨서 1970년대에 회고전과 재평가 작업이 활발하게 일어났다. 이중섭은 온 국민이 사랑하는 화가가 되었고, 고독하면서도 아름다운 그의 작품은 한국 미술사에 길이 남을 것이다.

Q1 이중섭의 성격유형과 흥미유형, 적성유형은 분류표에서 어느 유형에 해당될까요?

Q2 이중섭은 왜 '한국 근대미술의 거장'으로 불릴까요?

Q3 실패했다고 식음을 전폐하고 몸져 눕는 것은 옳은가?

Q4 이중섭이 우리에게 가르쳐준 사명(이 세상에 다녀간 삶의 이유)은 무엇이라고 생각하나요?

Q5 이중섭은 젊었을 때 어떤 계기로 이와 같은 사명을 가지게 되었나요?

Q6 이중섭은 사명을 믿음으로 바꾸는 과정에서 어떤 고난을 극복했나요?

Q7 이중섭이 이런 삶을 완성하는데 가장 도움을 준 사람들은 누구라고 생각하나요?

Q8 이중섭의 삶을 통해서 나의 진성을 설계하기 위해서 배워야 할 점은 무엇이라고 생각하나요?

화가

화가는 펜, 붓, 그림물감, 먹물 등 미술도구를 사용하여 풍경화, 정물화, 인물화, 추상화 등 예술작품을 창작하는 사람이다. 화가는 작품의 구도를 구상하고, 그림 그릴 재료(유채, 수채, 연필, 파스텔, 먹물 등)를 선택하며, 그림을 그려낼 바탕(캔버스, 나무판, 종이 등)을 선택한다. 그림 재료로 작품의 윤곽을 그리고, 원하는 그림의 효과를 얻기 위해 선이나 공간, 원근, 색채, 농담 등의 시각적 요소를 적절히 활용해 그림을 그린다. 작품이 완성되면 접착제나 방부제를 사용해 작품을 보존하기도 하며, 개인전이나 단체전을 통해 자신의 작품을 전시하고 판매한다. 화가는 동양화가와 서양화가, 순수미술가와 응용미술가로 구분할 수 있다. 화가가 되려면 예술 감각, 손 재능, 창의력 등이 필요하며, 미술에 대한 예술적 지식이 요구된다. 풍부한 상상력과 창의력을 기르기 위해 문학작품과 영화, 디자인 등 다양한 문화예술장르에 대한 관심과 지식도 있어야 한다. 화가가 되려면 사물을 바라볼 때 적극적인 탐구 자세도 갖춰야 하고, 장기간의 연습으로 작품을 창작하기 위한 인내력과 지구력도 중요하다.

물리학자 :

아인슈타인보다 뛰어났던 노벨상 메이커 이휘소

1935년 경성에서 태어남.
1941년 경성사범학교 부속 제1 국민학교에 입학
1947년 경기중학교에 입학
1952년 서울대학교 화학공학과에 수석으로 입학
1955년 미국 마이애미 대학교 물리학과에 편입
1956년 피츠버그 대학원에 들어감.
1958년 펜실베니아 대학원 입학
1962년 미국인 마리안과 결혼
1965년 펜실베니아 대학의 정교수가 됨.
1969년 페르미 국립 가속기 연구소 이론 물리학 부장이 됨.
1972년 〈힉스 현상의 섭동이론〉 논문 발표
1975년 〈참 입자의 탐색〉 논문 발표
1977년 불의의 교통사고로 세상을 떠남.

물리학자 :

아인슈타인보다 뛰어났던
노벨상 메이커

이 휘 소

물음표(?)를 느낌표(!)로 만든 이휘소의 진로 로드맵
자기이해 | 청소년기 ▶ 진로탐색 | 청년기 ▶ 진로선택 | 성년기 ▶ 진로발전 | 장년기

이휘소(李輝昭, 1935/1/1~1977/6/16)는 한국계 미국인 이론물리학자로서 미지의 입자에 '힉스'라는 이름을 처음으로 붙였고, '게이지 이론'을 재규격화 했으며, '참(charm) 입자'에 대한 탐색에 공헌함으로써 1979년에 노벨물리학상을 수상한 스티븐 와인버그, 압두스 살람, 셸던 글래쇼와 1999년에 노벨물리학상을 수상한 마틴 벨트만, 제라드 토프트 등에게 도움을 주어서 '아인슈타인보다 뛰어났던 노벨상 메이커'라 불린다. 1935년 경성에서 태어났고, 1941년 경성사범학교 부속 제1 국민학교에 입학했으며, 1947년 경기중학교에 입학했고, 1952년(18세) 서울대학교 화학공학

과에 수석으로 들어갔다. 1955년 미국 마이애미 대학교 물리학과에 편입했고, 1956년 피츠버그 대학원에 들어갔다. 1962년 미국인 마리안과 결혼했고, 1965년 펜실베니아 대학의 정교수가 되었으며, 1969년 페르미 국립 가속기 연구소 이론 물리학 부장이 되었다. 이휘소는 1962년 〈군이론과 강작용 대칭성 연구〉, 1969년 〈우주의 열쇠〉, 1972년 〈힉스 현상의 섭동이론〉, 1975년 〈참 입자의 탐색〉 등 20여 년간 110편의 논문을 발표했으며, 이중 77편이 학술지에 게재되었고, 지금까지 13,000회가 넘게 인용됨으로써 이론물리학 분야에서 독보적인 기여를 했다. 핵물리학자 오펜하이머는 이휘소를 아인슈타인과 페르미보다 더 뛰어난 과학자로 극찬하기도 했다. 1977년 불의의 교통사고로 세상을 떠났다.

/ 이휘소의 진성 스토리 /

1.

이휘소는 1935년 일제 강점기에 경성에서 태어났다. 아버지는 의사 면허를 갖고 있었지만 돈을 받고 치료하는 것을 싫어해서 의료활동을 하지 않았고, 어머니만 의사로 일하면서 생계를 꾸렸다. 이휘소는 초등학생 때부터 책을 좋아했는데, 부자 친구의 집에 자주 드나들면서 〈어린이 과학〉이라는 일본 잡지를 즐겨 봤다.

이휘소는 광복과 한국전쟁의 혼란한 시기에 중고등학교 시절을 보낸 탓에 여기저기 옮겨 다니면서 어렵사리 졸업을 할 수 있었다. 이휘소는 서울

대학교 화학공학과에 수석으로 입학한 후 미국으로 유학가서 마이애미 대학교 물리학과에 편입했다. 이휘소는 미국에서 훌륭한 과학자의 꿈을 키웠다. 이휘소는 낮에는 학교에서 수업을 듣고, 밤에는 생활비를 벌기 위해 열심히 아르바이트를 했다. 음식점에서 배달과 접시 닦기, 걸레질, 식재료 다듬기 등 허드렛일을 하면서도 틈나는 대로 책을 손에서 놓지 않았다.

어느 날 이휘소는 TV에서 상대성 원리를 발견한 20세기 최고의 물리학자 아인슈타인이 세상을 떠났다는 소식을 접했다. 이휘소는 프린스턴에서 열린 장례식장에 참석해서 아인슈타인의 관에 꽃을 바치면서 뛰어난 물리학자가 되겠다고 다시금 다짐했다.

2.

이휘소는 대학에서 세계적인 학자인 스노퍼 교수에게 대수학 수업을 들었다. 워낙에 어려운 강의라 수업이 진행되면서 한명씩 학생들이 떨어져 나갔다. 2주 정도나 계산해야 답이 나오는 어려운 문제를 과제로 내주면서 학생 스스로 풀게끔 하니 붙어있을 학생이 없었다. 강의실에 이휘소만 남게 되었을 때 스노퍼 교수는 자신의 강의를 끝까지 들은 학생이 딱 한 명 있었다고 말했다. 그 사람은 훗날 노벨상을 수상한 압두스 살람이었다.

이휘소는 스노퍼 교수의 말에 자극을 받아서 밤을 꼬박 새우면서까지 문제를 풀면서 자리를 굳건히 지켰다. 이휘소는 마침내 홀로 학기를 무사히 마쳤고, 스노퍼 교수는 이휘소의 끈기와 재능을 칭찬하면서 대학원에 가겠다면 추천서를 써주겠다고 했다. 이휘소는 마이애미 대학을 1년 6개월 만에 수석으로 졸업하고 장학금을 받을 수 있는 피츠버그 대학원에 진학했다.

여덟 명의 피츠버그 물리학과 대학원생 중에 이휘소가 가장 어렸다. 이휘소는 학과 공부를 하면서 생활비를 충당하기 위해 조교 업무도 병행했다. 타향에서 어려운 공부를 하다 보니 몸과 마음이 많이 지쳤지만 집념과 끈기로 어려움을 이겨나갔다. 석사 과정도 성공적으로 마친 이휘소는 펜실베이니아 대학원에서 박사 과정을 밟았고, 무난하게 학위를 받은 후에 조교수로 학생들을 가르치기 시작했다.

어느 날 주임 교수 크라인이 이휘소를 불렀다. 하버드 대학의 교수와 프린스턴 고등 연구소 연구원으로 추천하고 싶은데 어디를 갈지 정하라는 것이었다. 이휘소는 아인슈타인이 죽기 전까지 연구를 했고, 유명한 물리학자인 오펜하이머가 소장으로 있는 프린스턴 고등 연구소에 들어가겠다고 말했다. 이휘소는 스물여섯 살에 세계적인 연구소의 정회원이 되었던 것이다.

3.

연구하기에 좋은 쾌적한 환경과 오펜하이머 소장의 전폭적인 신뢰 속에 이휘소는 연구에 몰두했다. 오전에는 연구소 도서실에서 과학잡지에 실린 논문들을 읽었고, 오후에는 연구실에서 자신의 생각을 계산하거나 실험 물리학자들의 결과와 맞춰봤다. 매일 똑같은 생활의 반복이었지만 새로운 것을 하나씩 알아가는 기쁨이 더 컸다.

이휘소는 프린스턴 고등 연구소에서 연구한 결과물들을 논문으로 발표했고, 그때마다 세계의 수많은 물리학자들이 격찬을 했다. 특히 소립자 물리학을 공부하는 물리학자들에게 이휘소의 논문은 사전과도 같은 것이었다. 이휘소는 매혹 입자와 게이지 이론과 관련한 논문으로 세계의 주목을 끌었다. 이때부터 이휘소는 노벨상 후보로 사람들의 입에 오르내렸다.

이휘소는 사람들이 칭찬할 때마다 과찬이라면서 자신을 낮추었다. 노벨상을 받으면 자신은 물론 한국에도 영광스러운 일이었지만 최선을 다해서 연구하는 과정이 더 중요했다. 이휘소는 어릴 때 읽었던 〈논어〉에서 '진인사대천명'이라는 공자의 말씀을 학문의 자세로 삼았다. 최선을 다했으니 노벨상은 하늘의 뜻으로 알고 기다릴 줄 알았다. 배우고 익히는 것이 즐거움이라는 공자의 말씀에 따른 것이었다.

4.

1971년 이휘소는 한국에 물리학 여름 학교를 열려는 계획을 세웠지만 박정희 유신 체제가 강화되자 이를 취소했다. 여름 학교가 학생 운동을 탄압하는 현 정권의 억압 정책을 지지하는 것으로 오해하는 것을 우려한 결정이었다. 한국의 과학 발전을 위해 조금이나마 도움을 주려던 이휘소의 계획은 민주주의의 원칙을 무시하는 정부의 정책 때문에 이루어질 수 없었다.

이휘소는 늘 한국의 밝은 미래를 걱정하면서 정의를 추구하는 사람이었다.

1977년 미국의 지미 카터 대통령과 한국의 박정희 대통령의 관계가 악화되면서 미국이 주한 미군을 철수하겠다고 발표하자 한국은 비밀리에 미사일과 핵무기를 개발하기 시작했다. 박정희 대통령은 이휘소에게 편지를 보내서 핵무기 개발을 도와달라고 부탁했다. 이휘소는 핵무기가 인류를 구원하는 것이 아니라 오히려 파멸로 이끄는 결과를 낳을 거라 생각하고 그 부탁을 거절했다.

얼마 뒤 이휘소는 미국 콜로라도주 아스펜에서 열리는 과학 회의에 참석하기 위해 가족과 함께 집을 나섰다. 자동차가 외곽 도로를 달리고 있을 때 맞은편에서 오던 트럭의 바퀴가 갑자기 빠지면서 이휘소의 차를 덮쳤다. 이휘소는 핸들을 틀었지만 결국 피하지 못하고 큰 교통사고를 당했다. 머리에 부상을 입어 의식을 잃고 쓰러진 이휘소는 즉시 병원으로 옮겨졌지만 곧 숨졌다. 세계적인 과학자 이휘소는 이렇게 너무나 갑작스런 사고로 허무하게 세상을 떠났다.

이휘소의 죽음으로 한국의 국민들과 세계 과학자들은 충격과 슬픔에 빠졌다. 사람들은 한국인 최초로 노벨상을 받을 만한 과학자가 일찍 죽었다면서 안타까워했다. 과학은 인류의 복지를 위해서만 사용되어야 한다는 이휘소의 숭고한 뜻은 역사에 길이 남을 것이다.

"나는 물리학이 재미있어서 공부를 시작했고, 평생 물리학을 통해 인류를 구원할 수 있는 방법을 찾으려고 노력했습니다. 과학은 우리 삶의 발전을 위해 중요한 부분이므로 윤리적인 관점을 반드시 갖고 있어야 합니다. 과학이라는 학문 자체를 즐겁게 생각한다면 아무리 어려운 일이 있어도 충분히 극복할 수 있을 겁니다."

Q1 이휘소의 성격유형과 흥미유형, 적성유형은 분류표에서 어느 유형에 해당될까요?

Q2 이휘소는 왜 '노벨상 메이커'로 불릴까요?

Q3 국익을 위해 도움을 요청하는 대통령의 부탁을 거절하는 것은 옳은가?

Q4 이휘소가 우리에게 가르쳐준 사명(이 세상에 다녀간 삶의 이유)은 무엇이라고 생각하나요?

Q5 이휘소는 젊었을 때 어떤 계기로 이와 같은 사명을 가지게 되었나요?

Q6 이휘소는 사명을 믿음으로 바꾸는 과정에서 어떤 고난을 극복했나요?

Q7 이휘소가 이런 삶을 완성하는데 가장 도움을 준 사람들은 누구라고 생각하나요?

Q8 이휘소의 삶을 통해서 나의 진성을 설계하기 위해서 배워야 할 점은 무엇이라고 생각하나요?

물리학자

물리학자는 자연계에 나타나는 '모든 현상'의 기본법칙과 질서를 규명하며, 자연현상을 합리적으로 설명하고 예측하여 산업, 의료, 군사 분야 등에 물리학적 원리를 응용하기 위하여 연구하는 사람이다. 이들은 물질이 갖고 있는 구조와 물질의 운동, 전기, 빛과 같은 다양한 에너지가 발생하거나 이동하는 원리를 연구하며, 물질과 에너지간의 상호 관계를 연구하고 실험한다. 물리학자는 다양한 물리학적인 기본 원리를 재료, 자기, 전기, 광학 및 의료, 음향이나 빛 등과 같이 일생 생활에서 직접 사람의 생활을 편리하게 하기 위한 연구를 실시한다. 이들은 분자증폭기(maser), 레이저(laser), 원자핵파괴장치(cyclotron), 전자가속장치(betatron), 망원경, 질량분석기, 전자현미경 등의 장비를 사용해 연구하며, 고형물질의 세부 구조와 특성에 대해 조사하기 위해 온도나 압력, 응력 등 환경 조건을 의도적으로 변화시켜 실험하고 그 반응에 대해 연구하고 분석한다. 물리학은 핵물리, 원자물리, 입자물리, 고체물리, 광물리, 생체물리 등으로 세분화할 수 있다. 물리학 연구원이 되려면 자연과학의 기초가 되는 수학, 물리, 화학 등에 흥미와 재능을 가지고 있어야 하고, 탐구정신과 새로운 것에 대한 호기심과 창의성이 요구되며, 문제를 해결하기 위한 논리적 사고력과 분석력, 정확한 판단 능력 등이 필요하다.

종교인 :

천진난만한 진리의 횃불
성철스님

1912년 경남 산청에서 태어남.
1935년 지리산 대원사로 구도의 길을 떠남.
1936년 해인사에서 출가
1937~1950년 범어사, 통도사, 팔공산 운부암, 묘관음사, 성전암, 금강산 마하연 등에서 수행정진
1951년 신도들에게 3천배를 하게 함.
1954년 종단의 정화 운동을 주도
1955년 해인사 초대 주지로 추대됨.
1966년 육조단경과 금강경을 대중들에게 최초로 설법
1967년 해인총림의 초대 방장으로 취임
1981년 대한불교조계종 제7대 종정으로 취임
1991년 대한불교조계종 제8대 종정으로 재추대
1993년 해인사 퇴설당에서 입적

> 종교인 :

천진난만한 진리의 횃불
성철스님

🕐 물음표(?)를 느낌표(!)로 만든 성철스님의 진로 로드맵
자기이해 | 청소년기 ▶ 진로탐색 | 청년기 ▶ 진로선택 | 성년기 ▶ 진로발전 | 장년기

성철스님(性徹, 속명 이영주/李英柱 1912/4/6~1993/11/4)은 대한민국의 선종을 대표하는 승려로서 평생 속세와 관계를 끊고 구도에만 몰입하면서 부처님의 가르침대로 살아서 종교와 사상을 뛰어넘는 '진리의 횃불'로 불린다. 1912년 경남 산청에서 태어났고, 1935년(24세) 지리산 대원사로 구도의 길을 떠났으며, 1936년 해인사에서 출가했다. 이후 범어사, 통도사, 팔공산 운부암, 묘관음사, 성전암, 금강산 마하연 등 유명한 수행처에서 수행정진했다. 1951년 신도들에게 3천배를 하게 했고, 1954년 종단의 정화 운동을 주도했으며, 1955년 해인사 초대 주지로 추대되었다. 1966

년 육조단경과 금강경을 대중들에게 최초로 설법했고, 1967년 해인총림의 초대 방장으로 취임했다. 1981년 대한불교조계종 제7대 종정으로 취임하면서 '산은 산이요, 물은 물이다'라는 법어로 큰 화제를 불러일으켰고, 1991년 대한불교조계종 제8대 종정으로 재추대되었다. 지눌의 돈오점수를 비판하고 돈오돈수를 주장해서 뜨거운 논쟁을 불러일으켰고, 수행과 관련된 수많은 일화와 법어, 법문을 남겼다. 1993년 11월 4일 해인사 퇴설당에서 입적했다.

/ 성철스님의 진성 스토리 /

1.

출가 전 성철스님(이영주)은 어려서 한문을 익혔고, 고등학교에서는 일본어를 배웠지만 학력은 고등학교를 졸업한 것이 전부다. 건강이 안 좋아서 대학에 진학할 수 없었다고 한다. 하지만 평생 다양한 분야의 책을 찾아 읽어서 지식의 깊이와 넓이를 가늠하기 어려웠다. 이영주는 스무 살 이전에 〈순수이성비판〉, 〈실천이성비판〉, 〈남화경〉, 〈소학〉, 〈대학〉 등 동서양의 인문고전들을 섭렵했다.

청년 이영주가 읽던 책에는 '영원에서 영원으로'라는 낙서가 적혀 있었다. '영원'의 문제를 화두로 삼고있던 이영주는 세속 학문에서 해답을 찾았지만 결국 실패하고 말았다. 이영주는 허약한 몸을 치유하기 위해 다니던 대원사의 주지 오산스님과 만나면서 불교에 관심을 갖게 되었다. 이영주는 어느 날 불교 잡지에서 깨달음을 위한 참선에 대한 글을 읽고 대원사로 구도의 길을 떠났다.

대원사에서 며칠을 쉬던 이영주는 어느 날 스님들이 공부하던 방에 들어갔다가 〈서장〉이라는 책을 발견하게 되었다. 거기에는 참선하는 이유와 방법이 자세히 적혀 있었다. 이영주는 그 동안 갖고 있던 호기심과 의문이 일시에 풀리는 느낌이 들었다. 그때부터 불교 서적들을 찾아서 읽기 시작했고, 〈신심명〉과 〈증도가〉를 통해 불교의 세계에 심취했다. 특히 '배움이 끊겨진 도인은 망상도 없애지 않고 참됨도 구하지 않는다'라는 〈증도가〉의 구절은 큰 깨달음을 주었다.

이영주가 〈신심명〉과 〈증도가〉를 줄줄 외우자 오산스님은 불교와의 인연이 있음을 알고 스님이 되는 것이 어떠냐고 권유했다. 하지만 속세에서 이미 결혼을 한 이영주는 선뜻 권유를 받아들일 수가 없었다. 하지만 해인사에서 참선할 때 만난 백련암 동산스님이 중이 되라고 하는 한 마디에 마음을 바꿔서 출가하게 되었다(법명 성철/性徹).

2.

성철스님은 어린이들의 다정한 벗이었다. 아이들을 만나면 늘 크게 웃었고, 함께 술래잡기도 했으며, 춤을 추며 노래도 함께 불렀다. 성철스님은 어린이들이 거짓말을 할 줄 모르고 솔직해서 좋아했다.

어느 날 성철스님이 아이들과 어울려 놀고 있을 때 한 아이가 장난을 친다고 섬돌 위에 서 있는 스님을 밀어서 밑으로 떨어뜨렸다. 성철스님이 팔을 크게 다치자 시중드는 다른 스님들이 다시는 아이들을 가까이 오지 못하게 했다. 성철스님은 크게 꾸짖으면서 이렇게 말했다.

"아이들의 마음이 천진한 부처님의 마음이야. 모든 어른들은 이런 어린이들의 마음을 배워야 해. 내가 다친 건 모두 내 잘못이니 아이들이 내게 찾아오는 것을 막지 말아줘. 아이들은 사찰의 꽃보다 더 예쁜 존재야."

3.

성철스님은 입고, 먹고, 머무는 등 의식주에 욕심을 내지 않고 수행에 정진했다. 어느 날 한 사람이 성철스님을 찾아와 어떻게 지내시냐고 물었더니 이렇게 대답했다.

"해가 뜨는지 달이 뜨는지 모르고 산지 오래야. 배가 고프면 밥 먹고, 피곤하면 자는 것이 하루 일과지."

성철스님의 말은 아무렇게나 막 살고 있다는 의미가 아니었다. 밤 10시에 잠자리에 들어서 새벽 2시에 일어나 매일 108번 절을 하는 것은 기본이었다.

어느 날 성철스님은 젊은 스님들이 자고 있는 방에 들어가 곡괭이로 방바닥을 내리 찍었다. 젊은 스님들이 깜짝 놀라서 왜 그러시냐고 묻자 이렇게 말했다.

"젊은 사람들이 잠이 그렇게 많아서 공부는 언제하누. 옷은 몸을 가릴 정도로 떨어진 조각을 모아서 걸치면 되고, 음식은 영양이 부족하지 않을 정도로 먹으면 되고, 잘 곳은 비와 바람을 가릴 정도면 되는 것이야. 조금이라도 욕심을 내서는 안되지. 중이 음식 잘 먹고, 옷 잘 입기 시작하면 수행은 틀린 것이야. 수행자는 음식과 옷을 항상 험하게 대해야 해. 신도들이 바치는 시주를 독물처럼 생각하고, 하루 세끼도 그들의 피땀으로 이루어졌다는 걸 명심해야 해."

평소 알고 지내던 법정스님이 인사차 찾아왔을 때 성철스님은 쌀과 솔잎 가루로 생식을 하고 있었다. 법정스님이 건강을 걱정하자 성철스님이 이렇게 말했다.

"출가한 후에 수행을 하면서 내 스스로 결심한 것들이 있어서 그래. 수행을 하려면 가난부터 배워야 해. 입고, 먹고, 자는 것이 생활의 기본인데, 나는 어떤 일이 있어도 부자의 모습은 하지 않기로 결심했지. 그래서 여름에는 삼베옷, 겨울에는 광목옷만 입어."

성철스님은 참된 수행을 위해 최저의 생활로 최고의 노력을 생활 속에서 몸소 실천했던 것이다.

4.

1981년 성철스님은 대한불교조계종 제7대 종정으로 취임하면서 추대식에서 다음과 같은 설법을 했다.

"진리는 보고 듣는 것이 전부라는 것을 여기 모인 사람들 모두 알겠는가?

산은 그대로 산이요, 물은 그대로 물이로다."

추대식이 끝나고 '산은 산이요, 물은 물이다'라는 말은 사람들의 입에 오르내리며 유명세를 탔다.

성철스님은 사람들이 너무 복잡한 생각으로 살고 있다고 여겼다. 생각이 복잡하면 마음이 불편해서 어떤 대상이든 올바르게 볼 수가 없다. 불교에서는 마음을 중요하게 생각하는데, 마음은 원래 깨끗한 거울처럼 맑은 상태다. 하지만 거울에 오물이 묻듯이 마음에 때가 끼면 제대로 사물을 비출 수가 없게 된다. 그래서 거울을 닦듯이 마음을 깨끗이 닦아야 하는 것이다. 사람들의 마음을 맑게 하면 산이 산으로 보이고, 물이 물로 보이게 될 것이라는 것을 깨우쳐 주고 싶어서 이런 말을 했던 것이다.

5.

1993년 11월 4일 성철스님은 심장병으로 건강이 급격히 악화되자 가야 할 때가 되었다는 말을 했다. 그리고 낮이건 밤이건 눕지 않고 앉아서 수행하는 '장좌불와'를 오랫동안 해온 습관대로 앉은 채로 숨을 거두었다.

성철스님이 돌아가신 뒤 제자 스님들은 성철스님이 남긴 물건들을 공개했다. 30년 입은 누더기 승복 한 벌과 지팡이, 20년 쓴 삿갓 하나, 너무 닳아서 구멍이 숭숭 뚫린 검정 고무신, 낡을 대로 낡은 겨울 덧버선, 양말 한 켤레, 20년 넘게 쓴 안경, 반토막 난 색연필, 볼펜 한 자루, 200자 원고지 수십 매, 수십 년 된 불경 해설 책자, 안거증, 승려증, 그리고 도서 6,000

권이 전부였다.

80년 넘게 산 사람의 유품치고는 참으로 소박했다. 평생을 검소하게 살았던 모습을 한눈에 확인하게 되자 사람들은 성철스님을 더욱 존경하게 되었다. 우리 곁에 찾아온 살아있는 부처 성철스님은 영원히 사람들의 가슴 속에 남게 될 것이다.

Q1 성철스님의 성격유형과 흥미유형, 적성유형은 분류표에서 어느 유형에 해당될까요?

Q2 성철스님은 왜 '진리의 횃불'로 불릴까요?

Q3 이미 결혼을 한 사람이 속세를 떠나 출가를 하는 것은 옳은가?

Q4 성철스님이 우리에게 가르쳐준 사명(이 세상에 다녀간 삶의 이유)은 무엇이라고 생각하나요?

Q5 성철스님은 젊었을 때 어떤 계기로 이와 같은 사명을 가지게 되었나요?

Q6 성철스님은 사명을 믿음으로 바꾸는 과정에서 어떤 고난을 극복했나요?

Q7 성철스님이 이런 삶을 완성하는데 가장 도움을 준 사람들은 누구라고 생각하나요?

Q8 성철스님의 삶을 통해서 나의 진성을 설계하기 위해서 배워야 할 점은 무엇이라고 생각하나요?

종교인

종교인은 '신부, 목사, 승려' 등 성직자를 말한다. 성직자는 신자들에게 정신적, 도덕적 지도를 하고, 해당 종교 교리의 해설 및 설교를 하며, 종교의식을 거행하거나 종교행사의 재연을 관장한다. 신자들의 고충을 들어주고 안식을 주기 위해 상담자로서의 역할도 수행하고, 신도들을 위해 기도를 하거나 신도의 가정을 방문하여 신앙심을 고취시키기도 한다. 종교인은 병자를 위로하고, 가난한 이들을 도와주며, 정신적인 결핍을 갖고 있는 사람이나 안식을 희망하는 사람들을 신앙의 힘으로 치유되도록 인도하는 등 사회 지도자로서의 역할도 한다. 성직자는 종교 교리를 해석하고 전달하기 위해 종교가 갖고 있는 기능이나 교리에 담겨져 있는 철학 등에 대한 깊이 있는 지식이 필요하고, 언어능력과 상담능력도 있어야 한다. 다른 종교를 존중하는 태도와 남을 위해 희생하고 봉사할 수 있는 봉사정신도 필요하다. 특히 성직자가 되려면 높은 도덕성과 책임감이 있어야 한다.

맺음말

16편의 진로독서용
텍스트를 통한
기대효과

우리 교육은 높은 학업성취도와 대학 진학률에도 불구하고 학업흥미도와 행복지수는 OECD 국가 중 수년째 꼴찌를 기록하고 있다. 이에 대한 해결책으로 개인이 갖고 있는 꿈과 끼를 살리고 창의력과 인성을 기르는 진로교육의 중요성이 대두되게 되었고, 중학교 3년 중 한 학기 교육과정을 유연하게 운영해서 진로탐색 및 자기주도 학습능력을 배양하고 인성교육을 강화하기 위한 '자유학기제'를 도입하게 되었다. 현재는 모든 중학교에서 자유학기제를 전면적으로 실시하고 있고, 이와 연계해 초등학교와 고등학교에도 진로 집중학년 학기제가 도입되는 등 교육현장의 다양한 변화와 긍정적인 효과를 이끌어내고 있다. 앞으로 항구적인 교육 제도로 학교 현장에 정착되어 더 많은 변화를 일으킬 것이라 예상된다.

이러한 교육 트렌드의 변화에 따라 현장에서는 다양한 '진로' 관련 프로그램이 실시되고 있다. 진로 탐색 및 설정을 위해서는 다양한 직간접 경험이 필요한데 그 모든 것을 직접 경험하는 것은 불가능하다. 직접적인 진로체험 프로그램은 큰 장점에도 불구하고 여러 가지 한계를 지닐 수밖에 없다. 진로와 관련된 탐색을 모두 체험하기에는 시공간의 한계가 있기 때문이다. 그렇기 때문에 간접경험에 의존할 수밖에 없는데, 간접경험의 대표적인 방법이 바로 '독서'다. 독서를 통한 진로교육은 시공간의 제약 없이 다양한 간접체험을 제공하기 때문에 단점을 찾기 어려운 최고의 프로그램이라고 말할 수 있다.

특히 진로독서는 자신이 관심 갖고 있는 분야에서 앞서 성취를 이룬 분들을 만나 진로코칭을 받는 것과 같은 효과를 볼 수 있다. 자신의 진로를 탐색하는 과정에서 궁금한 것, 관심분야의 길을 가려할 때 미리 탐색해야 할 것들을 제시하기도 하고 진로에 대해 확신이 서지 않을 때 책속 주인공이 손을 잡고 이끌어주는 역할을 하기도 한다. 저자나 주인공은 주저하는 우리에게 용기를 주기도 하고, 결심하고 행동했을 때 칭찬해 주기도 하며, 실패하고 좌절했을 때 따뜻한 격려로 응원을 해주기도 한다. 이처럼 책은 진로 탐색의 과정은 물론 진로 결정 후 인생의 항로를 따라 여행하는 동안에도 늘 함께하는 친구가 된다.

이렇듯 진로교육에 있어서 책을 통한 교육의 효과는 이루 말 할 수 없이 많음에도 학교 현장에서는 여러 가지 어려움으로 이를 제대로 적용하지 못하고 있는 실정이다. 이에 수년간 학교 현장에 진로독서를 적용해 온 경험을 토대로 '진로독서'와 '인성독서'를 구체적으로 실천 할 수 있는 'ZIN-BOOK 독서토론(2015년)'과 '진로독서 인성독서(2016년)'를 출간한 바 있다. 이 책은 그 실천 편으로 교육현장 어디에서나 쉽고 재미있게 진로독서 토론을 적용할 수 있도록 돕기 위해 기획되었다.

이 책은 토론 주제가 명확하고 재미있는 스토리 위주로 구성되어 있으며, 이해하기가 쉬우면서도 이야기 거리가 풍부하다. 또한, 수업 시간에 바로 읽고 진행할 수 있도록 10분 내외의 짧은 분량으로 구성되어 있다. 10분짜리로 구성된 이 책 한 편 한 편을 다함께 읽고 진북 7키워드를 적용해 토론하고, 1:1찬반 하브루타로 심화 토론까지 하다보면 어느덧 책 속 주인공이 살아 온 발자취를 따라 함께 걷고 있는 자신을 발견하게 될 것이다. 그 길을 따라 걸으면서 과연 이 길이 자신에게도 잘 맞는 길인지, 자신이 진정 원하는 길인지, 책 속 주인공처럼 그 일을 정말 사랑하게 될지 간접적으로 체험 하게 될 것이다.

특히 이 책은 청소년들에게 올바른 리더의 상을 제시하고 있다. 이 책에 등장하는 인물들은 자신이 이 땅에 오게 된 사명을 깨닫고 그들의 사명대로 자신과 자신이 속한 조직의 구성원 뿐만 아니라 나아가 이 세상을 조금이라도 더 행복하고 따뜻하고 건강한 곳으로 변화시키기 위해 평생 헌신한 사람들이다. 청소년들이 이 책을 읽고 함께 토론하며 이 시대 '진성리더'들을 만나다 보면 자신이 이 세상에 오게 된 이유가 무엇인지, 어떻게 살아가는 것이 옳은 것이며 진정성 있는 참다운 삶을 사는 것인지 깨닫게 될 것이다. 모쪼록 이 책을 통해 좀 더 많은 학생들이 자신을 발견하고 자신 안에 잠자고 있는 거인을 깨우길 바란다. 그리고 책 속에서 살아 숨 쉬는 진성리더들의 삶을 본받아 진정성 있는 이 시대 참된 리더로 성장하게 되었으면 한다.

부록

이 책의
활용방법

7키워드를 활용한
토의식 토론과 1:1 찬반 하브루타

이 책은 현장중심의 진로독서 실천을 위해 텍스트와 질문으로 구성되어 있다. 핵심 주제를 간단히 소개하고 진로독서 토론수업을 위한 전용 텍스트와 토의식 토론을 위한 질문, 찬반 하브루타를 위한 질문을 담았다.

텍스트는 '재미와 감동을 위해 원작을 충실히 반영한다'는 점과 '학생들이 정해진 수업 시간에 읽을 수 있어야 한다'는 점을 고려해서 주제를 중심으로 스토리가 자연스럽게 연결되도록 편집의 묘미를 살려서 구성했다. 예를 들어 20부작 유명 드라마의 2시간짜리 극장판 편집 버전이라고 생각하면 이해하기 쉽다.

독서토론용 텍스트를 수업용으로 편집하다보니 '편집'의 중요성에 대한 전문가들의 말에도 자연스레 눈길이 갔다. 애플의 CEO였던 스티브 잡스는 2010년 〈올 띵스 디지털 컨퍼런스〉에서 "민주주의에는 자유롭고 건강한 언론이 중요하므로 뉴스를 모으고 편집하는 편집자가 과거 어느 때보다도 중요한 세상이 되었다"고 말했다.

〈에디톨로지(Editology/편집학)〉의 저자 김정운 교수는 "창조는 모두 편집이다. 해 아래 새로운 것은 하나도 없다. 모두 기존에 있는 것들이 새롭게 편집되었을 뿐이다. 누구나 언제든지 필요한 지식과 정보를 얻을 수 있는 21세기에는 편집자가 권력을 가진 세상이 되었다. 이 엄청난 변화를 읽어낼 수 있어야 한다."고 말했다.

〈브리꼴레르(Bricoleur/융합형 인재)〉의 저자 유영만 교수는 "세상의 모든 창조는 편집이다. 아이디어란 남의 것 대부분에 내 것을 약간 섞는 것이다. 미래는 지식 편집 능력이 중요하다. 이미지, 메시지, 오디오, 비디오 등 4가지 지식을 자신의 목적에 맞게 잘 편집하면 새로운 의미가 탄생한다. 새로운 의미에 남들이 주목하면 그것이 바로 '의미심장'이다."고 말했다.

즉, 21세기는 편집을 통한 새로운 창조의 시대인 것이다. 이 책을 편집하면서 에디톨로지(Editology)를 바탕으로 브리꼴레르(Bricoleur)의 모습에 충실하려고 노력했다.

각 텍스트는 40분~50분 수업을 기준으로 1교시나 2교시 중에서 어떤 방식으로 수업을 진행하든 유용하게 쓸 수 있다. 예를 들어 1교시(45분)로 수업을 진행한다면 5분 정도 오프닝 스팟을 하고, 10분 정도 텍스트를 낭독하면서 역할극으로 읽으며, 25분 정도 독서토론을 하고, 5분 정도 클로징으로 소감나누기를 하면 된다.

2교시(90분)로 수업을 진행한다면 1교시에 10분 정도 오프닝 스팟을 하고, 10분 정도 텍스트를 낭독하면서 역할극으로 읽으며, 25분 정도 독서토론을 한다. 2교시에 10분 정도 자유토론을 하고, 25분 정도 독서활동(인터뷰, 만들기, 게임, 발표 등)을 하며, 10분 정도 클로징으로 소감나누기를 하면 된다.

7키워드를 활용한 토의식 토론

활동지에는 한국형 하브루타 'ZINBOOK 7키워드 독서토론'과 '1:1 찬반 하브루타' 방식이 담겨있다. '7키워드 독서토론'은 토의식 독서토론 방식으로서 참여한 사람들의 생각과 말을 이끌어 내는데 도움이 되는 7키워드(낭독, 경험, 재미, 궁금, 중요, 메시지, 필사)로 책에 대해 이야기를 나누는 것인데, 구체적인 프로세스는 다음과 같다.

먼저 '낭독'을 하면서 역할극(라디오극)으로 텍스트를 읽는다. 텍스트를 '낭독'하는 이유는 각자 묵독을 하면 재미도 없고, 읽는 시간의 차이도 있으며, 집중하지 않는 사람도 있기 때문에 함께 낭독하는 것이 좋다. 문학 작품이라면 해설과 주인공, 조연, 출연진 등으로 나누어서 재미있고 생동감 넘치게 읽으면 되고, 비문학 작품이라면 적절하게 분량을 나눠서 다큐멘터

리의 내레이터가 된 것처럼 차분하면서도 편안한 목소리로 설명하듯이 읽으면 된다. 만약 목소리의 변조나 성대모사 등 개인기가 있는 사람은 마음껏 기량을 뽐내도 되고, 연기 욕심이 있는 사람도 자신있게 끼를 발산하면 된다. '낭독'을 하고 나서 각 역할에 대한 느낌을 돌아가면서 이야기 나눈다. 이때 독서토론 전용도구인 '토킹스틱'을 활용하면 좋다.

만약에 학생들이 적극적이고 열성적으로 독서토론에 참여하고자 하는 의지가 강해서 미리 텍스트나 책을 읽고 온다면 '낭독'은 다르게 진행한다. 모든 내용을 다시 한 번 읽기보다는 토론하는 시간을 많이 가지는 것이 좋기 때문에 책을 읽으면서 다른 사람에게 소리내어 읽어주고 싶은 부분(문장이나 대사)을 하나 정한다. 그리고 한 사람씩 돌아가면서 선택한 부분에 대해 세 가지의 이야기를 나눈다. 첫째, 몇 페이지, 몇째 줄의 어떤 '내용'인지를 소리내어 읽는다. 둘째, 왜 그 부분을 낭독하고 싶은지 '이유'를 설명한다. 셋째, 소리내어 읽으니 어떤 '느낌'이 드는지 말한다.

다음으로 '경험'에 대해 이야기를 나눈다. '경험'은 텍스트의 내용과 관련해 직접, 간접적으로 경험한 것이나 주인공과 비슷한 경험에 대해 돌아가면서 얘기하는 것이다. 보통 독서토론을 할 때 책의 주제나 중요한 내용, 작가의 메시지에 대한 이야기부터 먼저 시작하는 경우가 많다. 독서토론이 익숙하지 않거나 책의 내용을 잘 이해하지 못한 사람은 어렵게 느껴지면서 머리가 아플 수도 있다. 그러므로 본격적인 독서토론을 하기에 앞서서 워밍업을 한다는 생각으로 '낭독'을 하고난 후에 '경험'을 나누는 것이 좋다. 고급 음식점에 갔을 때 메인 요리를 먹기 전에 애피타이저로 샐러드를 먹는 것처럼 말이다.

'재미'는 책을 읽고 나서 재미있었던 부분에 대해 이야기 나누는 것이다. '재미'는 웃기는 부분이라고 할 수 있는데, 좀 더 범위를 확장해서 신기하거나 독특하면서도 참신한 표현도 해당된다. 독서토론을 해보면 책 속에서 '재미'있는 부분을 찾아내기 어려워한다. 책뿐만이 아니라 일상에서도 '재미'를 발견하기 어렵기 때문이라고 생각한다. 독서토론도 억지로 시켜서 하는 것이 아니라 즐겁고 행복하기 위해서 하는 것이므로 좀 더 적극적으로 재미있는 부분을 찾아보는 것이 좋다.

'궁금'은 책을 읽고 나서 의문이 들었던 부분에 대해 이야기 나누는 것이다. '궁금'한 부분으로 질문을 만들게 되면 책을 능동적이고 적극적으로 읽게 된다. 그리고 하브루타가 질문과 대화, 토론, 논쟁으로 수준을 높여 나가는 것이라고 했을 때 가장 기본이 되는 '질문'에 익숙해지는 방법이기도 하다. 토론리더는 참여자들이 빠짐없이 질문을 만들 수 있도록 유도하고, 하나씩 얘기하는 질문들을 메모해 두었다가 자유토론 시간에 궁금증을 해결한다.

'중요'는 책을 읽고 나서 개인적으로 중요하게 생각했던 부분에 대해 이야기 나누는 것이다. 책을 읽고 중요한 부분은 사람에 따라 다를 수 있다. 그리고 언제, 어디서, 어떤 상황에서 읽었느냐에 따라서도 달라진다. 같은 책을 나중에 시간이 지나고 나서 다시 읽었을 때도 마찬가지다. 살아오면서 보고, 듣고, 체험한 경험으로 형성된 배경지식이 다르기 때문이다.

'메시지'는 작가가 책을 읽는 사람에게 전달하고자 하는 것이 무엇인지에 대해 이야기 나누는 것이다. '중요'와 다른 점은 '나'뿐만 아니라 다른 사람도 중요하게 생각할 만한 부분이라는 것이다. 학교에서 수업 시간에 많이 접하는 부분이라 그리 어렵지 않게 얘기할 수 있다. 그런데 선생님을 통해 주입식으로 암기한 메시지는 금방 잊어버리지만 독서토론을 통해 생각하면서 이해한 메시지는 오랫동안 기억에 남는다. 이런 것이 바로 독서토론의 또 다른 효과다.

'필사'는 책을 읽으면서 베껴 쓰고 싶은 부분에 대해 이야기 나누는 것이다. 책을 읽으면서 노트나 연습장에 옮겨 적고 싶은 부분(문장이나 대사)을 하나 정한다. 그리고 천천히 또박또박 필사하면서 문장을 통해 전하고자 하는 작가의 메시지를 음미해본다. 필사를 마친 후에 한 사람씩 돌아가면서 선택한 부분에 대해 세 가지의 이야기를 나눈다. 첫째, 몇 페이지, 몇째 줄의 어떤 '내용'인지를 소리내어 읽는다. 둘째, 왜 그 부분을 필사하고 싶은지 '이유'를 설명한다. 셋째, 필사하고 나니 어떤 '느낌'이 드는지 말한다. '낭독'이 소리내어 읽어주고 싶은 부분에 대한 토론이라면 '필사'는 베껴 쓰고 싶은 부분에 대한 토론이다.

이렇게 7키워드 독서토론을 모두 하고 나서 보너스로 '글쓰기'를 하는 것이 좋다. '글쓰기'를 맨 마지막에 선택 사항으로 넣은 것은 대부분 일기와 독후감으로 대표되는 숙제형 쓰기에 대한 '안 좋은 추억(?)'이 있기 때문이다. 그래서 독서토론이 조금 익숙해지거나 쓰고 싶은 마음이 생겼을 때 글쓰기를 하는 것이 좋다. 글쓰기는 '비판적 글쓰기'로 한다. '비판적 글쓰기'란 비난하거나 평가하는 글쓰기가 아니라 '작가의 생각에 대해서 자신의 생각을 밝히는 글쓰기'를 의미한다.

독서토론을 통해서 말하기, 듣기, 읽기, 쓰기 등 기본적인 의사소통과 언어사용 능력을 고르게 향상시킬 수 있는데, 그 중에서도 가장 눈에 띄게 성장하는 부분이 '글쓰기'다. 글을 잘 쓰려면 방법과 기술도 중요하지만 더 중요한 것은 바로 '글감(콘텐츠)'이다. '독서토론'은 좋은 글감을 만드는데 가장 효과적인 방법이다. 예를 들어 어떤 주제로 6명이 한 팀이 되어 독서토론을 하면 자신의 생각만이 아니라 다른 사람의 생각까지 듣기 때문에 7키워드 곱하기 6명이니 총 42가지의 글감을 확보하게 된다. 게다가 글의 분량만 늘어나는 것이 아니라 좋은 콘텐츠를 많이 확보했기 때문에 글의 내용도 알차진다.

1:1 찬반 하브루타

'7키워드 독서토론'이 협의가 필요한 주제를 위한 토의식 토론이라면 '1:1 찬반 하브루타'는 찬반으로 나뉘어진 주제를 위한 문제해결식 토론이다. '1:1 찬반 하브루타'는 찬반이 나뉘는 토론 주제에 대해서 '찬반 ⇨ 스위칭(반찬) ⇨ 체인징(파트너) ⇨ 창의적 문제해결 방안(시트작성) ⇨ 소감 나누기' 등으로 진행된다.

디베이트가 2사람 이상이 한 팀이 되어서 어느 한쪽 입장에서 다른 팀과 승패를 가리는 방식이라면, 하브루타는 2사람이 짝이 되어서 양쪽 모두의 입장에서 창의적인 문제해결 방법을 찾는 승승의 방식이다. 구체적인 프로세스는 다음과 같다.

우선 찬반이 나뉘는 토론 주제를 정한다. 주제를 정할 때는 기존의 다수 의견에 반하는 내용으로 정하는 것이 좋다. 예를 들어 자연개발과 자연보호에 대해 찬반 의견이 대립할 때 보호보다는 개발하자는 쪽이 다수다. 따라서 토론 주제는 '자연을 개발하는 것이 옳은가?'로 정한다. 자연개발이 옳다고 생각하면 '찬성', 자연개발이 옳지 않다(자연보호가 옳다)고 생각하면 '반대'가 된다.

토론 주제가 정해졌다면 2사람이 짝을 지은 후에 찬성, 반대 입장을 나눈다. 찬반 입장이 자연스럽게 나뉜다면 그대로 시작하면 되고, 입장이 같다면 가위바위보를 하거나 어느 한 사람이 양보해서 찬반을 나누면 된다. 어차피 조금 있다가 상대방 입장에 서보기 때문에 고집을 부릴 필요는 없다.

1:1 하브루타를 하기 전에 유의 사항을 몇 가지 알려주는 것이 좋다. 첫째, 흥분하거나 싸우지 않는다. 승패를 가리는 것이 아니라 승승을 추구하는 것이므로 차분하게 자신의 입장에서 논리적으로 상대방을 설득해야 한

다. 둘째, 상대방의 의견이 너무 훌륭하더라도 100% 인정하고 받아들이면 안 된다. 하브루타가 되려면 탁구경기에서 공이 왔다갔다 하듯이 서로의 입장에서 말이 오고가야 한다. 그런데 어느 한 쪽이 상대방의 의견에 100% 동의해버리면 더 이상 하브루타가 진행되지 않는다. 따라서 상대방의 말은 인정하더라도 그 속에서 논리적으로 반박거리를 찾아야 한다. 그래야 계속 하브루타를 이어갈 수 있다.

이제 본격적으로 1:1 찬반 하브루타를 시작할 차례다. 먼저 5분 정도 시간을 주고 첫 번째 찬반 하브루타를 한다. 그리고 입장을 바꾼 후에 다시 5분 정도 시간을 주고 두 번째 반찬 하브루타를 한다(스위칭). 이번에는 상대를 바꿔서 짝을 이룬 후에 다시 5분 정도 시간을 주고 세 번째 찬반 하브루타를 한다(체인징). 이어서 입장을 바꾼 후에 다시 5분 정도 시간을 주고 네 번째 반찬 하브루타를 한다(스위칭2).

20분 정도 찬반, 반찬, 찬반, 반찬 등 짝을 바꿔가면서 하브루타를 하고 난 후에 찬성과 반대의 입장을 종합적으로 고려해서 5분 정도 창의적 문제해결 방법을 찾아본다. 앞서 얘기했던 25분 정도 독서토론 시간을 그대로 하브루타에 적용하면 된다. 끝으로 5분 정도 소감나누기를 하면서 마무리 한다.

'독서토론'은 어렵고 힘들다는 생각에 거리를 두는 학생들이 많다. 하지만 '7키워드 독서토론'과 '1:1 찬반 하브루타'에 참여하면 누구나 재미있고 즐겁게 토론하면서 책 내용도 잘 습득할 수 있을 것이다. 진로독서나 인성독서, 교과독서에 적용한다면 진로 설정과 인성요소 함양, 교과 이해에 도움도 되므로 더욱 큰 효과가 기대된다. 이 책을 좀 더 잘 활용하려면 〈진짜 독서를 위한 ZINBOOK 독서토론/지상사〉과 〈진로독서 인성독서-독서를 통한 진로와 인성교육/더디퍼런스〉를 참고하길 바란다.

> **참고**
> 'ZINBOOK(진북)'이란 진짜독서(zinbook, 진북)를 통해 진정한 북극성(true north, 진북/사명)을 찾자는 의미를 담고 있으며, '하브루타(havruta)'란 짝을 지어 질문하고 대화하고 토론하고 논쟁하는 유대인들의 교육법이다. 이 책은 〈한국형 하브루타 ZINBOOK 독서토론〉을 교육현장에서 실천하기 위한 10년 노력의 결실이다.

진성리더 진로독서 수업 **샘플 시나리오**
– 한국의 파브르 '나비박사' 석주명

서론에서는 오늘 다루려고 하는 진로독서와 관련된 단어들을 맞히며 마음 열기를 한다.

선생님 : "화면을 주시하고 지나가는 글자를 맞혀보세요~"

학생들 : "진로독서! 나비! 석주명!"

이때 답을 맞히는 친구들에게 상으로 사탕 같은 강화물을 제공하면 집중하는데 도움이 된다.

그리고 진북 7키워드 독서토론에 대해 간단히 설명한다.

아이스 브레이킹을 한 후에는 간단하게 진로, 자기이해, 성격, 적성, 흥미 유형에 대해 이해하는 게임을 한다.

그리고 나서 오늘의 인물 '나비박사 석주명'에 대해 이해를 돕는 간단한 영상을 보여준다.

그리고 나서 본론으로 들어가서 석주명에 관한 진성 스토리를 가볍게 이야기 해 준다. 단지 유명한 곤충학자라서가 아니라 왜 그 분의 삶이 우리에게 중요한지, 그 분의 삶이 많은 사람들에게 어떤 영향을 미치게 되었는지에 포커스를 맞춘다.

그런 다음 7키워드 독서토론과 토론규칙에 대해 안내한다.
"여러분~ 7키워드는 낭독, 경험, 재미, 궁금, 중요, 메시지, 필사로 책을 읽고 다양한 이야기 거리로 토론을 할 수 있도록 구성되어 있답니다~"
"간단한 토론규칙을 알아볼까요? 첫째, 책을 읽은 사람만 토론에 참여할 수 있는데 우리는 조금 있다가 함께 책을 낭독할 겁니다. 그러니 이 조건은 만족이 된 거죠? 그리고 두 번째, 책에 있는 내용에 관해서만 이야기 할 수 있어요. 이런 규칙이 없으면 책과 상관없는 다른 얘기로 빠져 버리기 쉽거든요~ 세 번째, 토킹스틱이라는 도구를 활용해서 경청을 합니다. (토킹스틱을 보여주며) 토킹스틱은 인디언들의 부족회의에서 유래가 되었는데 인디언들은 부족회의를 할 때 추장이 들고 있는 지팡이를 돌아가면서 들고 이야기를 한답니다. 토킹스틱을 가지고 있는 사람만 말을 할 수 있고 다른 사람들은 경청을 해야 합니다~"

"자, 그럼 토론에 들어가기 전에 토론리더 선서식을 할게요~ 우리는 모두 토론리더의 역할을 할 거니까 토론리더의 역할에 대해 알아볼까요? 토론리더는 어떤 질문에도 답을 말하지 않습니다. 리더가 답을 말하면 그게 정답이 되어 버려서 우리 친구들이 더 이상 생각을 하지 않기 때문이랍니다. 그 대신 토론리더는 적절한 질문 던지기, 텍스트를 참고하도록 돕기, 상호 토론을 잘 하도록 돕기, 모든 사람이 다함께 참여하도록 돕기, 모둠원들이 발표 할 때 주의 깊게 듣고 토론하는 사람들의 생각을 연관지어 주기 등의 역할을 하는 것이 중요합니다. 이렇게 토론의 기본지침을 성실하게 수행하면 원활한 토론이 이루어진답니다."

"자~ 그럼 다 같이 일어나서 오른손을 들고 토론리더 선서식을 해볼까요? 나 토론리더는 질문에 답변을 하지 않고 참가자들이 토론에 적극 참여할 수 있도록 도울 것을 선서합니다." (다 같이 읽는다)

"자 이제 본격적으로 독서토론을 해 보겠습니다. 먼저 다 같이 낭독을 할 거에요. 선생님이 '거기까지~' 하는 곳까지 돌아가면서 읽으면 됩니다~"

"낭독만 잘 해도 우리 대뇌 세포의 70%를 활용할 수 있고 눈으로만 읽을 때보다 4배의 학습효과가 있다고 해요~ (이런 이야기를 해주면 아이들이 눈빛을 반짝이며 집중하는 모습을 볼 수 있다) 자, 그럼 낭독을 해볼까요?" (전체 내용을 돌아가며 낭독하기)

"낭독을 해보니까 어땠나요?" (느낌 묻기)

"자, 이제 모둠별로 돌아가면서 토론리더가 되어 활동지에 있는 대로 한 가지 키워드씩 돌아가며 리더 역할을 해주세요~"

두 번째 키워드 '경험나누기'는 석주명처럼 곤충채집을 해 본 경험이 있었는지 돌아가며 이야기 한다. 없었다면 무언가에 몰입해 다른 일을 까맣게 잊어버렸던 경험도 좋다(경험은 이 책의 주인공과 같은 경험을 한 적이 있는지 묻는 것인데, 자신들의 경험을 이야기하면서 아이들은 책 속으로 빠져들게 된다).

세 번째 '재미'있었던 부분은 본문 내용 중에서 재미있거나 기발했던 부분, 독특하거나 웃겼던 부분, 흥미로웠던 부분, 또는 감동적이었던 부분 등을 찾는 활동이다.

네 번째 키워드 '궁금'은 진북 독서토론의 하이라이트이다. 이 '궁금' 키워드는 바로 하브루타의 시작이라고 할 수 있다.

'궁금' 키워드는 아이들에게 호기심을 유발시키는 역할을 한다. 놀라운 것은 처음에는 궁금한 것이 없다고 말하다가도 한 사람이 궁금한 점을 말하면 궁금한 부분이 계속 생기게 된다. 특히 아이들이 궁금한 부분에 대해 호기심을 갖고 질문을 하게 되면 '궁금' 키워드를 맡은 토론리더는 친구들의 질문을 소중하게 기록해 놓도록 지도한다. 다른 키워드는 되도록 토론에만 집중하고 리더만 간단히 요약하지만 '궁금' 키워드는 세밀하게 잘 받아 적어놓고 '필사' 키워드 토론까지 끝난 후 '자유토론' 시간에 모둠원들에게 다시 질문을 던진다. 이때 유의할 점이 '토론리더는 답을 말하지 않는다'는 것이다.

'중요' 키워드는 개인적으로 책을 읽고 자신에게 중요하게 와 닿은 부분이 어떤 부분인지 묻는다. 일반적으로 우리는 국어시간에 '주제' 즉, 작가의 메시지를 제일 중요하게 다뤄왔다. 물론 작가 메시지도 중요하지만 진북 독서토론에서는 개인적으로 중요한 부분을 더 중요하게 다룬다. 자기의 생각이 드러나는 비판적 사고력이 키워지기 때문이다. 이 '중요' 키워드는 유대인들이 항상 묻는 '네 생각이 무엇이냐(마따 호쉐프)?'라고 할 수 있다. 중요 키워드를 통해 아이들은 주입식 교육에서 벗어나 자신의 생각을 자신 있게 이야기하는 훈련을 하게 된다.

그 다음 '메시지'는 작가가 우리에게 하고 싶은 말이 무엇일지, 주제에 관한 내용이다. 그런데 국어 수업과 다른 점은 어떤 답을 말해도 다 맞는 답이라는 것이다. 어떤 답을 말해도 인정 해주는 '다양성의 인정'이 매우 중요한 포인트다. 작가의 메시지를 '작가가 하고 싶은 말'로 바꾸어 찾는 훈련을 계속 하다보면 어느덧 책의 핵심 주제를 찾는 능력이 생긴다.

이어서 '필사'는 책 전체를 필사하는 것이 아니라 적어놓고 두고두고 내 삶에 적용하고 싶은 부분을 적는다. 한 문장이어도 좋고 한 문단이어도 좋다. 진정성 있는 삶을 살다 간 진성리더들의 명언을 적어 놓고 자신의 삶을 비추는 나침반으로 삼을 수 있다.

7키워드로 진로독서 토론을 하고 난 후에는 주어진 시간 동안 '자유토론'을 하는 것이 좋다. 우리가 토론을 하는 목적은 사고력 향상을 위해 자유롭게 질문과 대화를 주고받으면서 이야기를 나누기 위함이다. 따라서 수업 회차를 늘려가면서 수준에 따라 '자유토론' 시간을 조금씩 늘려가는 것이 좋으며, 나중에는 '자유토론'으로 수업을 진행하고, 토론이 잘 되지 않을 때 7키워드를 아이템처럼 하나씩 꺼내서 활용하면 효과적이다.

'자유토론' 시간에는 우선 '궁금' 키워드에서 메모해 두었던 질문들을 하나씩 제시하면서 의견을 나눈다. 이어서 '석주명의 성격유형과 흥미유형, 적성유형은 분류표에서 어느 유형에 해당될까요?'라는 진로 질문과 '석주명은 왜 '한국의 파브르'이자 '나비박사'로 불릴까요?'라는 핵심 해석적 질문에 대해 이야기를 나눈다. 이어서 추가로 궁금한 사항이나 얘기 나누고 싶은 주제로 자유롭게 토론을 계속하면 된다. 이렇게 7키워드로 독서토론을 하면 자신도 모르게 7번 반복하는 효과를 가져와서 오래도록 기억에 남게 된다.

(쉬는 시간)
쉬는 시간이 끝나고 다시 토론을 시작하기 전에는 집중을 위해 간단한 퀴즈를 내거나 주제와 관련된 짧은 영상을 보여주는 것이 좋다. 그리고 나서 1차시에 나눴던 토론 내용을 발표하게 한다.

"여러분 잘 쉬었나요? 그럼 우리 모둠이 나눈 이야기는 어떤 이야기였는지 조장이 나와서 발표해주세요~" (돌아가며 발표) "네~ 정말 좋은 이야기들이 많이 나왔네요!"

"그럼 이번에는 1:1 하브루타를 해볼게요. 하브루타는 반드시 짝이 있어야 해요. 주제는 '자신의 일에 미쳐서 가족을 제대로 돌보지 않는 것은 옳은가?'에요. 한 사람은 '옳다, 한 분야의 전문가가 되기 위해서는 어쩔 수 없는 일이다', 다른 한 사람은 '아니다, 일도 좋지만 가족을 돌보는 것이 더 중요한 일이다'라는 입장에서 자기의견을 말해주세요. 이때, 두 가지 주의사항이 있는데 하나는 상대편의 의견이 아무리 옳다 하더라도 '정말 훌륭한 말씀이네요. 알겠습니다.'하고 내 주장을 하지 않고 포기해서는 안 되고, 또 한 가지는 서로 자기 의견이 옳다고 싸워서는 안 된다는 것입니다. 상대의 의견을 경청하고 '정말 좋은 의견 이십니다. 하지만, 저는... 이렇게 생각합니다.' 라고 이야기 하는 게 좋습니다."

(찬성-반대 입장으로 토론하고, 반대-찬성으로 입장을 바꾸는 스위칭을 해서 다시 토론 한 후, 파트너를 체인지, 찬반토론, 다시 스위칭 하브루타를 실시한다)

"자~ 이제 모둠별로 나왔던 의견을 종합해서 창의적인 문제해결 방법은 없는지 의견을 모아주세요~"

"이제 우리 모둠에서는 어떤 이야기가 나왔는지 발표해주시기 바랍니다."

곤충도감 만들기 / 발표하기

독서토론이 끝난 후에는 되도록 진로 활동으로 마무리 한다. 종이로 곤충 모형을 만들어 도화지에 핀으로 고정시키고 곤충의 특징을 찾아 붙이고 자기가 만든 곤충도감을 소개한다. 마무리로 오늘 수업한 느낌을 나누면 된다.

| 진성리더 진로독서 수업계획안 예시 |

주제	한국의 파브르 '나비박사' 석주명		일시	
학습 목표	1. 『나비박사 석주명』 텍스트를 읽고 곤충학자의 삶에 대해 이해한다. 2. 7키워드 독서토론을 통해 곤충채집 등의 경험을 나누고 곤충학자가 하는 일에 대해 깊이 이해 할 수 있으며 자신의 성격, 흥미, 적성과의 연관성을 탐색할 수 있다. 3. 일반 위인과는 다른 석주명의 진성스토리를 통해 자신은 장차 어떤 리더가 될 것인지 생각해 볼 수 있다. 4. 1:1 찬반 하브루타로 자신의 일에 빠져 주변을 돌보지 않는 것은 옳은 일인지, 한 분야의 전문가가 되기 위해서는 어쩔 수 없는 일인지 심도 있는 토론을 할 수 있다. 5. 〈곤충도감 만들기〉 독후 활동으로 곤충과 곤충학자라는 직업에 대해 좀 더 관심을 갖게 된다.			
학습과정 (100분)	교수 – 학습활동			자료
서론 (10분)	▷ 아이스 브레이킹 (스팟, 퀴즈 등으로 마음열기) ▷ 진로의 이해 – 성격 · 적성 · 흥미에 관한 이야기 ▷ 『나비박사 석주명』 관련 영상 시청 – 배경지식			PPT 유인물
본론 (80분)	35분	▷ 『나비박사 석주명』의 진정성 있는 곤충 학자로서의 삶에 대한 스토리를 간단히 들려주기 ▷ 7키워드 독서토론 안내와 토론 규칙 알려주기 ▷ 『나비박사 석주명』 7키워드 독서토론 　- 텍스트 낭독 : 돌아가며 낭독하기 　- 경험 나누기 : 곤충채집을 해 본 경험이 있었나? 　- 질문 나누기 : 재미, 궁금, 중요, 메시지 　- 필사 하기 : 감명 깊었던 나만의 밑줄 긋기 　- 자유 토론 : 궁금 질문, 진로 질문, 해석적 질문 나누기		PPT 동영상 유인물 필기도구 도화지 색펜 가위, 풀 핀
	10분	휴 식		
	35분	▷ 스팟이나 게임으로 집중시키기 / 관련 영상보기 2 ▷ 모둠별 토론 내용 발표 / 1:1 찬반 하브루타 　- 자신의 일에 미쳐서 가족을 제대로 돌보지 않는 것은 옳은가? ▷ 독후활동 – 곤충도감 만들기		
결론 (10분)	▷ 자기가 만든 곤충도감 소개하기 ▷ 오늘 수업한 느낌 나누기			

도움을 받은 도서 목록

장기려

장기려 : 눈으로 보는 한국 인물 29 _ 황우선 | 교원

할머니 약손을 좋아한 장기려 의사되다 _ 유영소 | 대교

장기려 가난한 사람들의 버팀목이 된 바보 의사 _ 정란희 | 씽크하우스

황혜성

황혜성 : 손끝으로 지켜낸 우리 음식 _ 유영소 | 웅진

입맛이 까다로운 황혜성 요리사 되다 _ 김수연 | 대교

황혜성 우리의 맛을 세상에 알리다 _ 박혜선 | 청어람미디어

전태일

청년 노동자 전태일 _ 위기철 | 사계절

전태일 : 눈으로 보는 한국 인물 33 _ 김준혁 | 교원

전태일 함께 사는 세상을 꿈꾼 청년 _ 김남일 | 웅진씽크빅

이태영

남녀평등의 길을 연 변호사 이태영 _ 김성희 | 웅진씽크빅

이태영과 함께하는 변호사의 꿈 _ 오명화 | 금성출판사

이태영 : 눈으로 보는 한국 인물 30 _ 김병규 | 교원

장준하

정의 자유 민권을 위해 싸운 장준하 _ **유경환** | 주니어랜덤

장준하 잠자는 시대를 깨운 지식인의 양심 _ **김형덕** | 씽크하우스

장준하 : 눈으로 보는 한국 인물 31 _ **이신철** | 교원

최승희

최승희 세계를 사로잡은 조선 무용가 _ **제환정** | 웅진씽크빅

조선의 춤꾼 최승희 _ **이경혜** | 한국차일드아카데미

한국 현대 무용의 개척자 최승희 _ **박신식** | 주니어랜덤

유일한

나눔을 실천한 기업가 유일한 _ **남윤정** | 한솔교육

유일한 : 눈으로 보는 한국 인물 27 _ **이영호** | 교원

한국의 개척가 유일한 _ **박인택** | 대교

박완서

나의 박완서 우리의 박완서 _ **여성동아문우회** | 문학동네

우리 시대의 소설가 박완서를 찾아서 _ **박완서** | 웅진닷컴

나 어릴 적에 _ **박완서** | 처음주니어

도움을 받은 도서 목록

손기정

손기정 : 눈으로 보는 한국 인물 39 _ **고두현** | 교원

희망을 안고 달린 마라톤 선수 손기정 _ **유영소** | 웅진씽크빅

위대한 마라톤 영웅 손기정 _ **주경희** | 주니어랜덤

석주명

석주명 박사처럼 되고 싶어 _ **고영이** | 대교

석주명 : 눈으로 보는 한국 인물 06 _ **문만용** | 교원

우리 나비의 이름을 찾아준 나비 박사 석주명 _ **배나맘** | 꿈꾸는공화국

김수환

하늘의 별이 된 바보 김수환 _ **김영** | 주니어랜덤

혜화동 할아버지 스테파노 김수환 _ **김원석** | 은하수미디어

김수환 : 눈으로 보는 한국 인물 32 _ **구중서** | 교원

윤이상

상처 입은 세기의 거장 윤이상 _ **최지숙** | 교학사

윤이상 : 눈으로 보는 한국 인물 15 _ **우광혁** | 교원

조국을 그리워한 음악가 윤이상 _ **김해원** | 한솔교육

김수근

김수근 : 눈으로 보는 한국 인물 17 _ **이범재** | 교원

자연과 사람의 만남을 꿈꾼 건축가 김수근 _ **홍당무** | 파란자전거

김수근 공간을 디자인하다 _ **황두진** | 나무숲

이중섭

영원한 동심의 화가 이중섭 _ **엄광용** | 웅진출판

이중섭 : 눈으로 보는 한국 인물 14 _ **김현숙** | 교원

한국의 예술가 이중섭 _ **박인택** | 대교

이휘소

현대 물리학의 별 이휘소 _ **이은유** | 자음과모음

하늘도 탐낸 아름다운 별 이휘소 _ **이용포** | 작은씨앗

이휘소 : 눈으로 보는 한국 인물 07 _ **오동훈** | 교원

성철스님

성철 큰스님 이야기 _ **정찬주** | 파랑새어린이

우리 곁에 온 부처 성철 _ **방현희** | 이룸

천진한 부처 성철스님 _ **공광규** | 북앤피플

※ 참고 사이트 : 직업소개 – 커리어넷 (http://www.career.go.kr)